新零售时代
实体店
运营攻略

郭志娇 ◎ 著

图书在版编目（CIP）数据

新零售时代实体店运营攻略／郭志娇著．－－长春：吉林出版集团股份有限公司，2021.7
ISBN 978-7-5731-0048-1

Ⅰ.①新… Ⅱ.①郭… Ⅲ.①商店－运营－研究 Ⅳ.①F717

中国版本图书馆CIP数据核字(2021)第146248号

XINLINGSHOU SHIDAI SHITIDIAN YUNYING GONGLÜE

新零售时代实体店运营攻略

著　　者　郭志娇
责任编辑　冯　雪
装帧设计　刘红刚

出　　版	吉林出版集团股份有限公司
发　　行	吉林出版集团社科图书有限公司
地　　址	吉林省长春市南关区福祉大路5788号　邮编：130118
印　　刷	三河市德贤弘印务有限公司
电　　话	0431-81629712（总编办）　0431-81629729（营销中心）
抖 音 号	吉林出版集团社科图书有限公司　37009026326
开　　本	710 mm×1000 mm　1／16
印　　张	15.25
字　　数	201千字
插　　图	91幅
版　　次	2022年5月第1版
印　　次	2022年5月第1次印刷
书　　号	ISBN 978-7-5731-0048-1
定　　价	56.00元

如有印装质量问题，请与市场营销中心联系调换。0431-81629729

这是一个充满各种机遇与挑战的时代。

线上与线下互联,消费场景升级,零售空间更加广阔,新零售实体店商机无限、大有可为。

新零售生态圈内,面对线上零售的激烈竞争,实体店如何破圈突围?

跟随本书,一起来探寻实体店的运营逆袭之路。

本书直面实体店运营困境,总结新零售"巨头"们的成功运营经验,探讨实体店运营新方向,搭乘网络快车,探寻实体店由线上带动线下的运营模式,开启"云零售"的大门。

本书从选址到定位、从橱窗展示到定价、从货架陈列到为消费者画像、从导购到售后,步步为营,事无巨细,手把手教你开展实体店运营。

此外,本书为有志扩大实体店运营的你提供线下线上整合运营妙招,双管齐下,让你轻松玩转社群营销、直播带货,积极构筑线下商圈,扩大门店连锁,智慧布局连锁运营,实现各门店互惠、共享、共赢,打造属于你的实体店运营王国!

本书语言深入浅出，运营攻略丰富全面，书中"运营案例""指点迷津"两个版块更为你展示全面、立体化的实体店运营，实用指导性强。

提升实体店运营智慧，掌握实体店运营攻略，实体店运营的新出路就在你的手中。

作者

2021 年 1 月

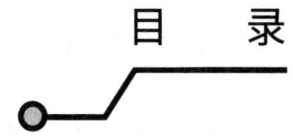

第1章 未来已来：新零售时代的到来

1.1 探寻新零售的本质 /003

1.1.1 新零售的诞生 /003
1.1.2 新零售的本质 /007

1.2 新零售时代，电商的逆袭与实体店的坚守 /011

1.2.1 新零售行业中电商"破茧成蝶" /011
1.2.2 电商冲击下，实体店顽强生存的秘密 /013

1.3 新零售生态圈内，实体店必不可少 / 017

1.3.1 电商冲击下，实体店存在的意义 / 017
1.3.2 新零售生态圈下的实体店 / 020

1.4 实体店如何直面困境，突破困局 / 023

1.4.1 树立客户思维，提升消费者体验 / 023
1.4.2 重视数据收集，借力数据开展运营 / 024
1.4.3 重塑客户关系，让客户变成粉丝 / 025
1.4.4 发挥工匠精神，精进产品和服务 / 025
1.4.5 尝试跨界，另辟零售运营新思路 / 026
1.4.6 聚焦理论，探索零售实体的转型 / 026

1.5 新零售"巨头"带来的启发 / 031

1.5.1 盒马鲜生，仓储销售一体的双向流量零售运营 / 031
1.5.2 由"物"到"人"，良品铺子的新零售之路 / 032
1.5.3 宜家的新零售秘诀 / 033

第2章 网络快车："互联网+"业态下的新零售

2.1 "电"商与"店"商 / 039

2.1.1 玩转数据化个人推送的"电"商 / 039
2.1.2 从"店"商到"电"商，实体运营的逆袭之旅 / 041

2.1.3 从实体经济到虚拟经济，争取双向双赢 / 043

2.2 O2O——线上运营带动线下消费 / 047

2.2.1 零售 O2O，打通线上线下的贸易壁垒 / 047

2.2.2 O2O 的五大维度 / 053

2.3 新零售，新运营，新管理 / 057

2.3.1 新零售业态下的新运营 / 057

2.3.2 一体化的新零售管理模式 / 064

2.4 新的突破口：云零售 / 067

2.4.1 消费 4.0 时代的到来 / 067

2.4.2 零售进化论：从"二八定律"到"长尾效应"的嬗变 / 070

2.4.3 云零售：引导新的消费潮流 / 072

第 3 章 品质视听：好品牌，为运营助力

3.1 理论先行，从 4P 到 4C 再到 4E / 079

3.1.1 传统 4P 营销理论需要迭代升级 / 079

3.1.2 以消费者为中心的 4C 营销新理念 / 080

3.1.3 4E 营销理论，新零售大势所趋 / 082

3.2 品牌意识与品牌定位　/ 085

3.2.1 品牌意识培养："望""闻""问""切"　/ 085
3.2.2 找准品牌定位才能乘风破浪　/ 089

3.3 文案吸睛，才能吸金　/ 093

3.3.1 好文案抵得过千军万马　/ 093
3.3.2 创作爆品文案的四大诀窍　/ 097

3.4 货架陈列与商品摆放的秘密　/ 101

3.4.1 货架陈列不得不说的秘密　/ 101
3.4.2 探析商品摆放的秘密　/ 103

3.5 品牌的视觉表达　/ 111

3.5.1 简洁图形　/ 111
3.5.2 独有的颜色　/ 112
3.5.3 具象化产品　/ 112
3.5.4 特色包装　/ 113
3.5.5 动态表达　/ 113
3.5.6 名人代言　/ 114
3.5.7 常用符号的特殊化　/ 115
3.5.8 动物人格化　/ 115

第 4 章 匠心独运：运营以人为本，攻心为上

4.1 科学选址，避免"水土不服" / 119

    4.1.1 人口密集程度 / 120

    4.1.2 消费者的消费水平 / 121

    4.1.3 商圈成熟度 / 123

    4.1.4 同行密集程度 / 124

    4.1.5 交通便捷度 / 124

4.2 注重橱窗展示，宣传无声胜有声 / 127

    4.2.1 橱窗的装饰设计 / 127

    4.2.2 新橱窗，数字科技在橱窗中的应用 / 131

4.3 巧定价，以价导购 / 135

    4.3.1 3 内 5 外，影响定价的因素 / 135

    4.3.2 三大定价策略，助力实体店定价 / 137

4.4 为消费者画像，了解消费者心理 / 139

    4.4.1 科学画像，筛选标签，精准识别目标客户 / 139

    4.4.2 消费者心理与购买行为 / 142

4.5 顾客至上，优化购物体验 / 145

4.5.1 体验经济到来，消费者愿意为体验买单 / 145

4.5.2 体验式营销 / 146

4.6 完善售后 / 151

4.6.1 以O2O运营模式提升售后服务质量 / 151

4.6.2 巧用工具，主动跟进，提高用户黏性 / 152

第5章 双管齐下：线下与线上整合运营

5.1 线上促销攻略 / 157

5.1.1 折扣的诱惑 / 158

5.1.2 商品组合促销，既清货又获利 / 159

5.1.3 预订促销，饥饿营销的可观收益 / 160

5.2 实体店如何玩转社群营销 / 163

5.2.1 一定要做社群营销的三大理由 / 164

5.2.2 社群营销怎么做 / 165

5.3 构筑线下商圈 / 173

5.3.1 跨界融合，告别单一走向多元 / 173

5.3.2 异业联盟，从单打独斗到抱团取暖 / 176

5.4 实体售卖融合直播带货 / 179

 5.4.1 平台的选择 / 180

 5.4.2 内容的打造 / 181

 5.4.3 配合的模式 / 184

5.5 微活动，释放营销热情 / 185

 5.5.1 活动策划 / 186

 5.5.2 活动执行 / 190

第6章 智慧布局：零售实体店的连锁运营

6.1 实体店连锁运营模式 / 195

 6.1.1 直营连锁，资产管理的另类体现 / 195

 6.1.2 特许加盟，共赢的契约关系 / 196

 6.1.3 自由加盟，平等的合作关系 / 200

6.2 门店连锁，共享才能共赢 / 203

 6.2.1 连锁共赢的物质支柱——资源共享 / 203

 6.2.2 连锁共赢的精神支柱——品牌共享 / 207

 6.2.3 共享经济下面临的问题——风险共担 / 212

6.3　大数据下的实体店智能零售　/ 215

 6.3.1　大数据时代的标志——"人、货、场"的重新定义　/ 215

 6.3.2　大数据技术的能力——智能零售的实现　/ 220

参考文献　/ 227

第 1 章

未来已来：新零售时代的到来

细心的你或许已经发现：前几年，电商搭乘互联网的快车风风火火地涌入市场、迅速崛起，实体零售备受"排挤"；然而近几年，那些"挤掉"实体店的电商们自己却开起实体店。这真是一个非常有趣的现象！

　　后电商时代，电商与实体店从"水火不容"走向"和解"，线上线下逐渐融合，新零售悄然兴起。电商与实体零售彼此认同，相互渗透，一个整合的市场正在形成，新零售时代已经到来！

1.1 探寻新零售的本质

说起购物,你最先想到的是手机里的 App、小程序,还是周边的超市、商场?你身边有没有网购达人或钟爱去实体店消费的朋友?你自己呢,更关注网购还是实体店零售?

日益激烈的市场竞争中,电商何以做得风生水起?实体店又将如何扭转战局?

1.1.1 新零售的诞生

◆ 什么是新零售?

新零售(New Retailing),是一种依托于互联网的线上线下深度融合的零售新模式。

新零售是当前企业的销售模式的一种创新和探索,本书探讨的是新零售业态中的实体店这一环节。

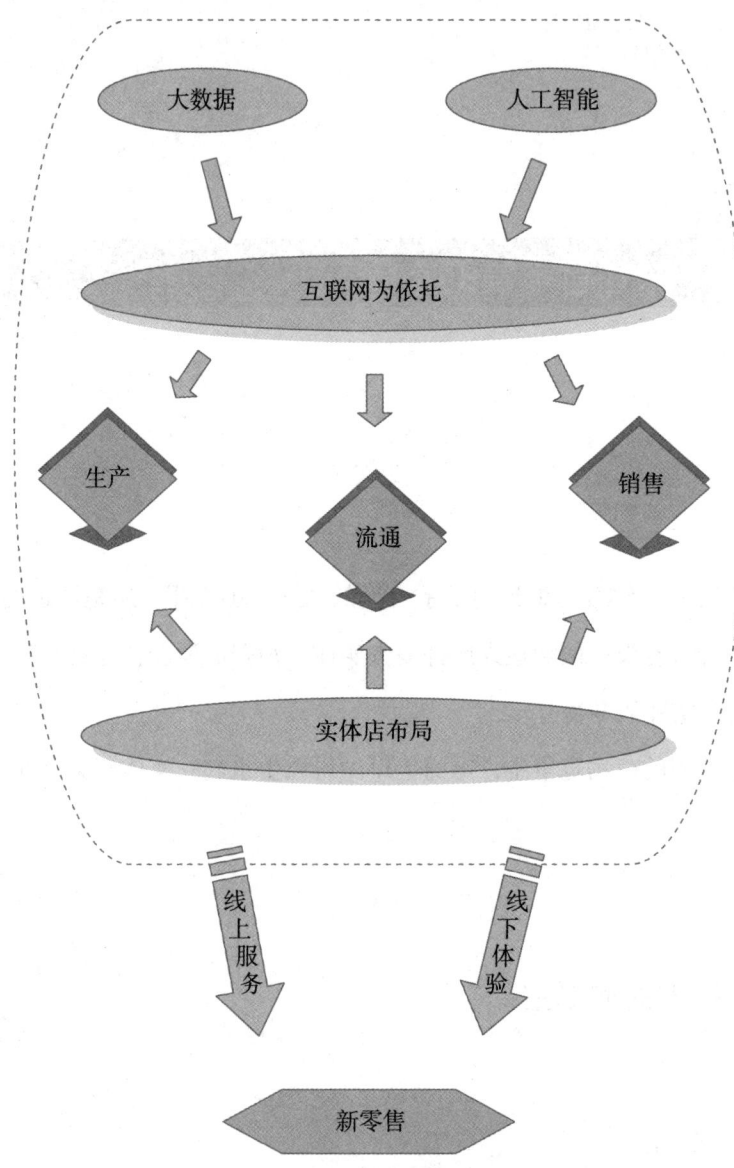

新零售业态结构与生态圈

2017年,阿里研究院发布的《新零售研究报告》中,称新零售是"以消费者体验为中心的数据驱动的泛零售形态"。

由此,越来越多的人开始认识新零售,并开始关注新零售带来的行业内、行业外的变化。

◆ "线上风光"与"重返实体店"

电商在互联网线上活跃,你可以简单地将它理解为互联网线上交易,从消费者的角度来说,它就是"网购";商家则更多地称之为"电子商务"。

近年来,电商作为后起之秀,在零售行业的市场竞争中成为一匹"黑马",迅速成长为零售行业的佼佼者。

从一些数据和资讯中我们可以领略电商的强大竞争实力。

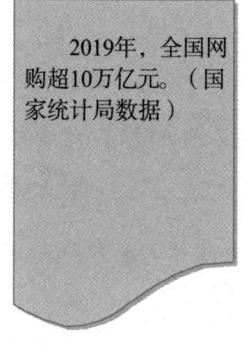

亮眼的电商销售成绩单

与线上的"看不见、摸不着"相比，实体店交易注重体验感，这种体验感是线上购物所不能比拟的，再加上电商近年来的"超饱和"运作，线上运营成本日益"水涨船高"，可以分的"蛋糕"越来越少，"重回实体店"成为很多企业的新发展出路。

因此，一些电商在经历了在市场中做大、排挤实体店之后，又纷纷转而建立实体店，构建自己的庞大的新零售业态体系。

"互联网大厂"的线下布局

现阶段，当很多人对互联网线上红利"眼红"的时候，很多有远见的企业已经认识到了新零售的行业发展趋势，转投线下。

阿里"相中"了高鑫零售，并陆续入股联华超市、三江超市等实体零售。

京东紧盯沃尔玛中国区，并与五星电器开展合作。

腾讯入股永辉超市。

……

新零售先行者们纷纷转战线下，各方势力正在暗自布局，新零售行业业态正在经历新的变化。

新零售的未来，值得期待。

1.1.2 新零售的本质

新零售,是一种零售模式新尝试,接下来,让我们一起揭开新零售的面纱,探寻新零售的本质。

◆ 新零售的三要素

想一想,你的每一次购物,有哪些元素是必须要有的?

消费者、销售者、商品、销售场所(线上平台、线下实体),这些是促成一笔交易完成的必备要素。

这些要素,我们可以把它们概括为"人、货、场"三要素。新零售也离不开这三要素。

新零售的三要素

业态改变，本质未变

传统零售业中，"人、货、场"三要素必不可少，新零售时代，"人、货、场"三要素依然不可或缺。

从本质上讲，新零售与传统零售是一样的，只是二者的运营模式不同，业态构成不同。

关于零售的本质，亚马逊的创始人杰夫·贝佐斯曾指出，在未来10年甚至是50年，零售行业有三点是不会改变的：一是顾客喜欢价格低廉的商品；二是顾客喜欢配送更快的商品；三是顾客希望有更丰富的商品可供选择。快捷与低价从本质来说都是供应链效率需要解决的问题。而消费者之所以想要更多的选择，是因为消费在不断地更新迭代。

第1章 未来已来：新零售时代的到来

> 零售业的本质，就是满足消费者不断变化的"人、货、场"需求，提高供应链效率，完善商品运营。新零售通过更多的模式和技术创新来应对消费升级迭代的需要，更好地提升消费者的购物体验。

◆ 新零售的"是"与"非"

新零售悄然兴起，已经渗透和影响到我们的日常生活。

对于消费者，新零售带来了更好的消费体验和消费选择；对于经营者，新零售提供了一种新运营模式，营销更加系统、立体、全面。

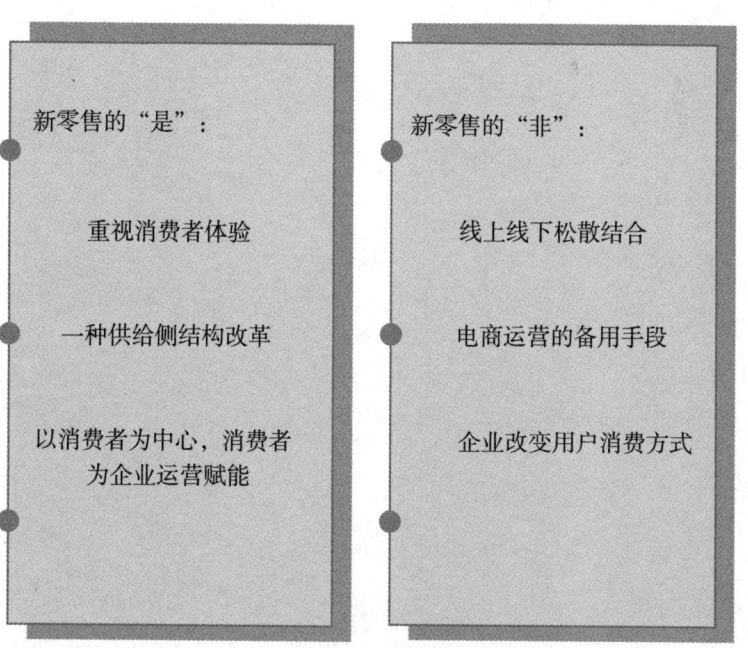

揭开新零售的面纱

1.2 新零售时代，电商的逆袭与实体店的坚守

方兴未艾的新零售背景下，电商巨头们纷纷躬身入局，未能来得及收割第一波互联网红利的创业者们更是热情追捧，认为找到了实现财务自由的最佳途径。一时间，新零售俨然成为零售业下一个风口，蓄势待发。那么，新零售崛起背景下，电商又是如何逆袭的？

事实上，新零售的背后，依然有电商的影子。所谓新零售，依然是零售，商业社会是不断向前发展的，新零售顺应了当前商业社会的发展潮流。而电商，依然是新零售的源头活水。

1.2.1 新零售行业中电商"破茧成蝶"

消费市场复杂多变，促使站在历史转折点的新零售从业者们不断探索，寻求新的突破。

如今，新零售市场大旗被高高举起，零售市场有了新的变化。各大财报中也能看出电商行业的实力不容小觑，新电商们不断完善当下的电商模式，

将业务下沉到三四线城市甚至是农村地区。尤其是拼多多的崛起，更说明电商红利远未过去，只要深耕下去，把市场做大做细，电商行业依然大有可为。随着直播带货等电商新模式的兴起，电商开始逆袭。

虽然电商行业依然大有可为，但是对用户需求的感知力和满足用户需求的能力却显得不足。新电商正是看穿了这一点，才不断去寻找满足用户需求、激活用户的方法，并积极改进供给端。

在这个注重流量的环境下，线上线下都需要流量。电商更加追求店铺的访问量，随着线上竞争日益激烈，电商获客成本也越来越高。这一切都促使电商从业者不断踏上自我优化之路。

> 提高服务水平，用专注、温情和专业打动消费者

> 以消费者为中心，从"卖什么，消费者买什么"的卖方市场变成"关注消费者需求，优化产品和服务"的买方市场

电商零售方向的转变

新电商的崛起，弥补了传统电商在服务上的短板。

在当前市场，谁能更好地满足消费者需要，符合零售的本质，更加高效优质地服务好消费者，给消费者提供更好的消费体验，谁就能收割市场的红利。

而在以消费者为中心的用户思维前提之下，不仅要满足消费者的购物欲望，还要满足消费者情怀、精神和文化方面的需求。

新电商掌握了电商行业的内在发展规律，找到了破解电商发展瓶颈的方法，即以消费者需求为导向，以消费者为中心，不断创新，主动创造，满足消费者对更美好生活的追求。

1.2.2 电商冲击下，实体店顽强生存的秘密

实体店在电商的猛烈冲击下，历经挫折，但最终显示出强劲的生命力。

随着生产力的不断提升，"90后"和"00后"成为消费的主力军。这个群体在年龄很小的时候就接触互联网，相对于其他群体，这群人更追求生活的仪式感和新鲜感，对新事物接受能力强，更注重互动式的购物体验。

现在的零售消费市场，得年轻人者得天下。"90后""00后"的消费习惯和喜好不同于其他人群，很多零售商正是抓住了这群消费者的心理，及时进行自我调整，抢占更多市场。

随着网络移动端的普及，外卖的商业模式打破了固有的零售商业边界，让很多零售实体店业务量剧增。很多零售实体商家已经不再打价格战，而是专注于产品，用外卖平台将线上流量导入线下。

近年来为了进一步盘活市场经济，相关部门也出手推动零售改革升级，引导实体店朝向社交体验、家庭、时尚、文化消费中心等转变，整合线上线下资源，培育新兴市场主体。

在电商面临成本攀升、互联网人口红利消退等发展态势时，实体店作为品牌突破发展瓶颈的利器，其展示体验价值越来越受到重视。

实体店通过顽强坚守，为自己争得了宝贵的喘息之机，新零售模式为实

体店的生存和发展提供了机遇。

2012年至今，近十年的时间，实体店已经基本完成了行业洗牌。虽然电商给实体店带来了一定的消极影响，但实体店零售业的复苏是大势所趋，关店的高潮也已过去。只要在今后的运营中强调人性化服务，强调产品的工匠精神和更加贴心智能的基础建设，外加优化售后服务，实体店和电商平分秋色、强势回归指日可待。

新型实体书店的羽化重生

近两年，新型实体书店重新转型成一个时尚热点，虽然是书店，但是能插花、能品茶、能撸猫、能边喝咖啡边在安静优雅的环境中工作、能和三五好友来上一杯下午茶，还能购买精美的文创产品。

这种精致的生活方式，无疑迎合了年轻人的喜好，也吸引着年轻人们重新走进书店。尽管实体书的营业额未必提上去多少，但无疑提升了书店的知名度。

一度被电商"逼得"穷途末路的书店转身一变成为时尚的打卡地，甚至担当起城市文化沙龙的使命。

第1章 未来已来：新零售时代的到来

时尚书店一角

电商对实体店的冲击有目共睹。在互联网时代，商品的价格信息越来越透明，同质化的产品越来越没有竞争力，唯有能够给用户提供独特体验的实体店将迎来自己的运营新时代。正是因为这一点，很多电商也积极尝试走到线下，着手搭建消费者体验场所。这是新零售时代大势所趋，也是实体店崛起、实现全面复盘的良机。

新零售时代的实体店，零售商们关注的不再是价格和商品本身，而是自己的理念是不是契合消费者的需求，能不能精准把握消费者的心理。谁对消费者的心理揣摩得更细致入微，把握得更精准，谁就领到了新零售时期实体店盈利的入场券。

1.3 新零售生态圈内，实体店必不可少

1.3.1 电商冲击下，实体店存在的意义

不可否认，电商确实具有产品种类更多、配送更快捷、无须店面租金、运营费用低等优点。互联网背景下的新零售市场中，电商竞争力强劲。

但是，我们也必须认识到，实体店在电商冲击下依然屹立不倒，这是因为实体店能够带给消费者切身的消费体验感——这是影响消费者消费行为的一个非常重要的因素，不可不重视。而电商由于物理空间缺失，很难为客户提供这方面的服务。

在消费体验提供方面，实体店显然比电商更具优势。实体店每天都跟客户面对面接触，察言观色之下，更能迅速洞察消费者心理。

面对面的购物沟通，更具温情

为适应当下消费者的线上购物搜索、扫码支付等新的消费习惯，实体店的店铺运营也在不断优化升级。

线上销售额与线下销售额相比，依然是"小巫见大巫"。譬如服饰，由于体验度较高，线下销售依然占据着绝对的市场份额。

根据《麦肯锡 2020 中国消费报告》数据显示，奢侈品、珠宝、生鲜等商品的线下消费相较于线上消费更具有绝对的优势。

实体店线下销售不仅限于销售产品，也销售服务，消费者的整个消费体验过程十分重要。

随着社会的发展，消费者的消费观也在悄然发生着变化。过去，当人们从温饱刚刚走向富足时，更热衷购买珠宝、皮草、名牌服饰等彰显身价的产品来提升自我优越感。与过去不同，当前人们的消费更注重生活品质、消费体验，更注重商品和自己气质的契合度，享受购买真正适合自己的产品的愉悦感。

从大数据来看，尽管电商发展势头迅猛，每年我国多个购物平台开展的"618 年中大促""双十一全球狂欢"等线上购物节都能屡创佳绩，线上消费屡创新高。但作为新事物，电商登陆中国不过短短十余年，因此不足以撼动实体经济的地位。

电商冲击之下，实体店之所以屹立不倒，除了多年积累的人气和实力外，还有以下几个重要原因：

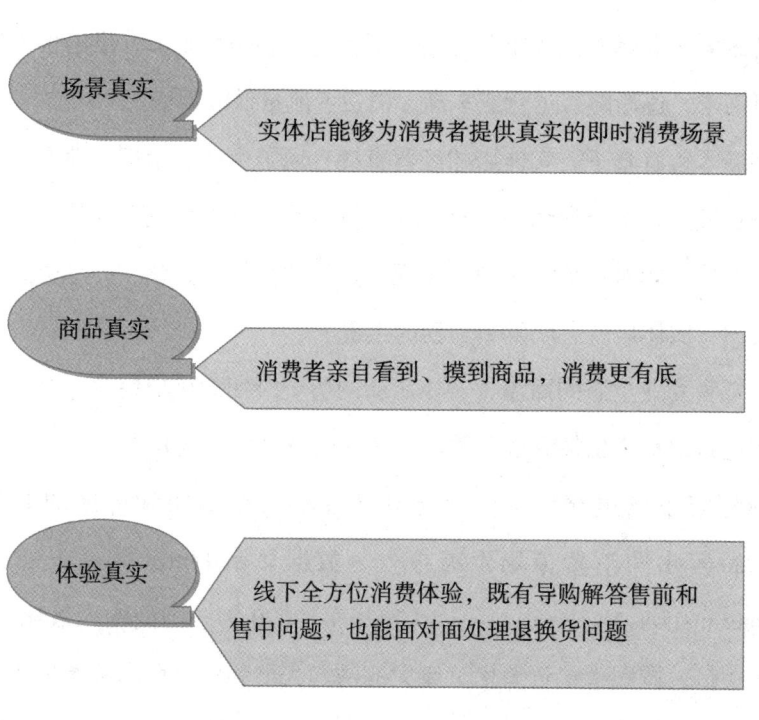

实体店（相较于电商）的竞争优势

新零售时代，消费者不但希望实体店提供质优价优的产品，更希望实体店提供的产品能够满足他们在精神、情怀、文化等方面的需求，当前越来越多的零售实体店充分发挥这方面的长处，为消费者提供贴心的购物体验，也为整个零售市场提供更充足的供应链，这就让实体店抓住了企业发展的新路径，在细分领域和消费体验上，实体店更有机会成为赢家。

1.3.2 新零售生态圈下的实体店

传统零售业运营过程十分复杂，不仅生产和销售脱节，供给也无法满足消费者需求，逐渐陷入运营成本高、消费者流量低的困境。

在新零售背景下，实体店的经营直接打通了生产、销售、消费等环节之间的商业壁垒，形成产销一体化，有效打通了整个交易链。这就是新零售模式下的实体店相对传统零售商而言无可比拟的优势。因此，一旦突破传统零售的窠臼，实体店就会焕发出勃勃的生机。

新零售商业生态圈赋予了实体店新的历史时期的历史使命。这一时期的实体店运营也呈现出拥有线上线下一体化的消费场景的特点。

新零售市场里充斥着来自全球产业链各个国家和地区的商品，根据《2020年中国消费市场发展报告》数据显示（https://socialone.com.cn/consumer-market-development-report-2020/），2020年中国网购人数比2019年增加了1亿，网购者接近8亿，庞大的网购人群和亿万商品品类聚集成海量消费者市场。

新实体经济所服务的是新消费者，所面对的市场也不再是单一的封闭的小市场，而是全球化全国性的市场（市场人群包括爱逛实体店的线下消费者,也包括喜欢网购的线上消费者)。

新零售商业生态模式下,供应链有了翻天覆地的变化,新零售实体店打通了线上线下的商业壁垒,形成了线上线下一体化消费场景。

实体店要抓住时机,完成品牌树立和营销,吸引自己的精准客户,了解并满足消费者日益个性化的需求和消费主张,货物的配送也有了更多方式,既能像传统实体店那样到店自取,也可以由线上配送,打造线上线下的仓配送一体化,完成实体店配送的全渠道、全体系。

实体店新鲜的果蔬,可到店选购,也可线上下单再经店员配货上门

消费需求的满足、供应链的升级都将进一步促进零售实体在零售市场中的地位得到进一步的巩固。

新零售无界化

新零售在发展过程中，呈现出生态性、无界化、智慧型和体验式特点。无界化指的是零售企业整合线上线下平台和有形无形资产，清除渠道中的商业堡垒，以全渠道方式，模糊运营过程中主体的界限。传统实体经济的时空和产品边界被打破，人员、资金、信息、技术、商品得以合理流动，整个商业生态链实现共享。

"无界化"购物入口呈现出灵活和多元态势，打破购物的物理和空间界限（消费者可以在任意的时间和地点，采取任意一种购物方式进行消费），通过实体店铺、网上商城、自媒体购物平台甚至智能家居等渠道，对接企业和其他消费者，实行全方位的咨询互动和交流讨论，模拟产品和消费体验，最终完成商品和服务的交易。

1.4 实体店如何直面困境,突破困局

实体店想要破局,转型做新零售,先要打破旧有的思维模式,建立起新零售生态圈下的运营新思维,才能真正实现转型升级,走上新零售的康庄大道。那么,实体店如何直面困境,突破困局呢?

新零售市场的不断变化、电商的猛烈冲击,让零售实体店不得不转变思维、提高竞争力。这里重点分析零售实体店突破当下零售流量困境的几个努力方向,具体运营方法在本书其他章节详细解析。

1.4.1 树立客户思维,提升消费者体验

树立客户思维就是要树立"以客户为中心"的运营思维。互联网打破了信息壁垒,用户话语权增多,商家不但要深度理解客户,还要树立客户思维形成新的商业高地。

树立客户思维,不是简单听取客户意见,而是要让客户本身成为产业链

的一环，参与产品构思和设计研发与营销服务。

如顶级内衣品牌维多利亚的秘密听取消费者意见，选择有亲和力的女模特代言品牌，拉近了和消费者的距离。消费者感觉品牌离自己很近，自然愿意买单。

1.4.2 重视数据收集，借力数据开展运营

数字化时代，得数据者得先机。实体店要把收集用户数据作为工作的出发点，将消费者数字化、产品数据化，做好匹配供需算法研究。这一点在零售业被应用得非常多。

例如，零售实体店也应更多地尝试线上线下结合做好数字化互联，尊重消费者的个性爱好，赋予消费者独特的购物体验。可以在线上发放优惠券，供消费者在线下购买体验，为消费者购物提供更多的便利。

线上领券，线下购物

再如，我们买东西的时候，经营者会根据消费者购买商品频率的高低，划分爆品种类和消费者人群。在消费者下次光顾的时候，实体运营系统（如App）就会有针对性地为消费者推荐具体的商品，提升消费者购物体验的同时，促成消费行为的完成。

大数据改变了商业和社会组织的运行方式，是推动实体店深刻变革的巨大推手。

1.4.3 重塑客户关系，让客户变成粉丝

传统零售中，消费者是一个"接受站点"，但在新零售模式下，消费者则由传统零售下的被动接受转变为主动参与，在买卖环节由单向接受转变为双向交流。

零售实体店应学会充分利用社会化工具、媒体、网络等手段，重塑企业和客户的关系，利用消费者渴望与实体店平等交流的心理，用社交关系完成扩散，用心引导客户，让客户变成粉丝。

1.4.4 发挥工匠精神，精进产品和服务

商家要吸引消费者、优化消费者的消费体验，就要发挥工匠精神，尽力把产品和服务都做到极致。

传统零售行业流通体系不畅，厂商难以直面终端客户，想完成产品交付，必须借助渠道。但互联网打破了买卖消息不对称的局面，营销渠道更加

健全，厂商与消费者可直接对接。

当前，越来越多的品牌出现爆款和定制化产品，这些产品的出现都是工匠精神催生极致产品与服务的表现。厂商由之前重视、依赖渠道，变成重视优化产品和消费体验；从坐在家里等客，变成不断提高产品与服务质量，主动去吸引和寻找消费者。

1.4.5 尝试跨界，另辟零售运营新思路

产品跨界，是一种新的营销方式，把看似互不相干的元素有机联系在一起，衍生出新锐的产品审美和生活方式。这种打破常规的营销，往往赋予产品别具一格的美感，进而吸引目标客户。

联名款产品是常见的跨界运营成果，例如，零食与美妆的联名合作产品，动漫与服装的联名合作产品。

零售实体还有更多跨界方式，例如，腾讯对零售业的跨界探索，微信品牌形象店 We Store 打造小程序官方线下购物体验店，卖微信的周边产品，既能在实体店支付，也能网上下单。

1.4.6 聚焦理论，探索零售实体的转型

◆ 1P 理论，赋能实体店运营

传统的 4P 理论之中，4P 指的是产品、价格、渠道和促销。在传统零售

中，想要改善产品和渠道促销，必然会增加成本。但如果成本降低，就可能会损伤消费者体验。

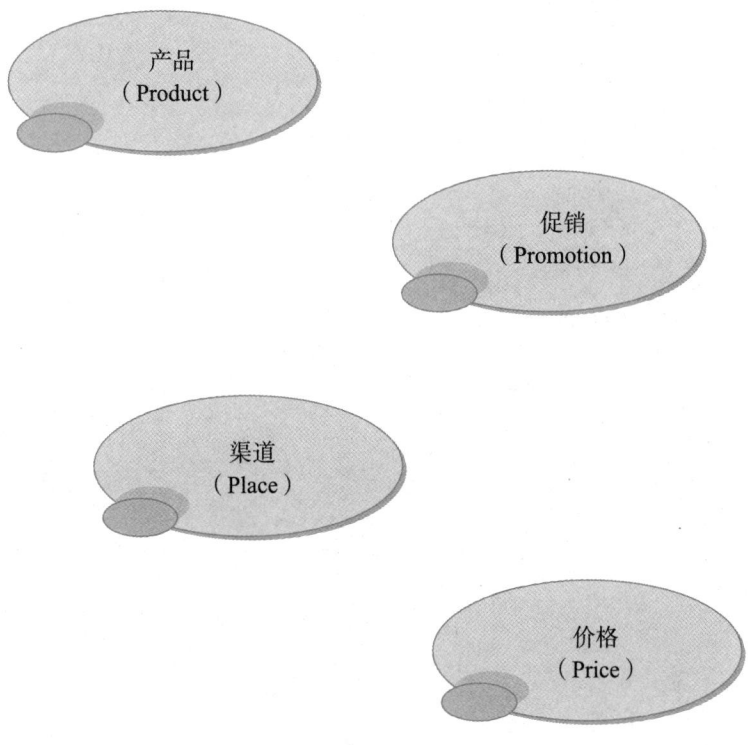

4P 理论内容

1P 理论（P 指价格，1P 理论又称价格理论）把行业内部企业的关系由竞争转为合作，这既改变了传统运营思维，也改变了运营模式。

1P 理论指导下，第三方入局，在企业和企业之间、企业和顾客之间引入第三方介入，降低企业成本，三方共同分担成本，合作共赢。

新零售业态中，实体店以低于同行的价格为消费者提供同等质量的商品和服务，同时获得大于或等于同行的利润。这一点在传统零售中是天方夜谭，但在互联网背景下则变成现实。

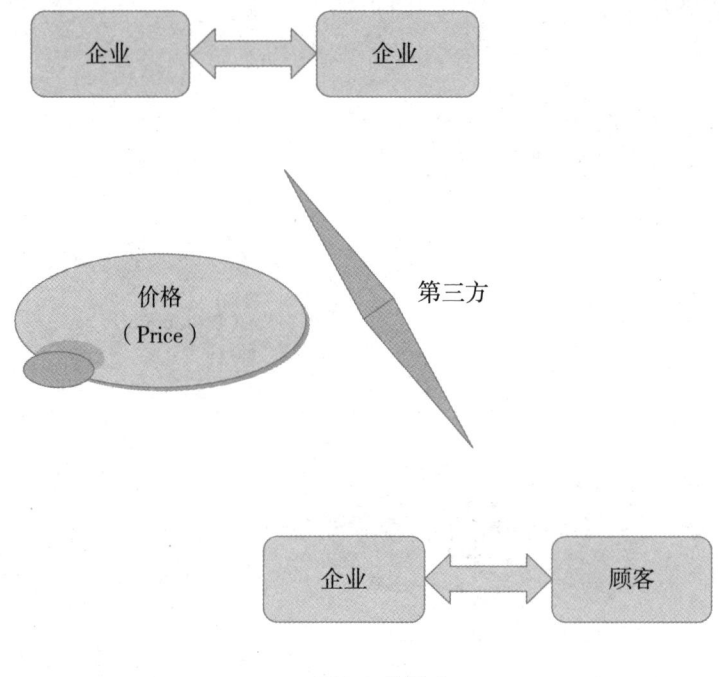

1P 理论运营模式

◆ 新木桶理论，促进实体店蝶变

传统木桶理论强调了一个组织或人的最短板决定整组织或个人的水平；新木桶理论则强调木桶中的最长板的作用。

当前互联网企业多借助自身长板开展合作，每个企业的长板共同组成一个新的大桶，这是新木桶理论的构成方式。

新零售时代奉行新木桶理论，整合所有企业的长板形成新的大桶。新零售市场中，关键不在于怎么弥补短板，而在于怎么秉承工匠精神，拉长长板,将长板做到极致。

因此,实体店要奉行"杀鸡也用牛刀"的思维,要做就做到行业最好。互联网时代,资源分配越来越呈现出马太效应,差的越差,好的越好;短板无人问津,长板永不缺资本和消费者追捧。因此,我们也要用网络化的思维来思考问题。建立新零售的生态系统,补齐短板(短板要不断补平,甚至也将其转化为长板),多方分担成本,多方共赢。

1.5 新零售"巨头"带来的启发

新零售亦是零售,也需要遵循零售的逻辑,需要从"人、货、场"三要素出发,从自己的核心竞争力出发,将三要素中的某一个要素做到极致。

新零售"巨头"在新零售中不断出新出奇,他们要么玩转终端,要么致力于打造消费场景,要么精通算法,要么善于运营社群。这些运营新变化又能带给你哪些启发呢?

1.5.1 盒马鲜生,仓储销售一体的双向流量零售运营

流量成本高,单价低,利润覆盖不了物流成本,这是生鲜运营的最大短板。2016 年,为了弥补电商生鲜销售物流成本和损耗率高的短板,阿里巴巴投资盒马鲜生,将阿里巴巴的顶层设计思维融入生鲜运营。

投入市场的盒马鲜生,外观像超市,但有餐饮体验区开展生熟联动。虽然是线下实体店,又有物流中心,却是一个仓店一体的新零售运营模式,是

一个开放的生鲜物流配送冷链生态系统。利用大数据统计客户资源，将前端客户和上游供应商以及中间物流连接起来，共同打造一个生鲜生态系统，释放生鲜行业的运营效率。这样，整个生鲜利益链条上的合作伙伴以及消费者都可实现利益共享。

盒马鲜生是一个完成了会员、库存、价格、营销各个环节双向导流的商业闭环，是新零售下引领消费升级的一种尝试，也是新零售线上线下一体化运营的成功尝试。

1.5.2 由"物"到"人"，良品铺子的新零售之路

良品铺子作为零食零售业巨头，成立伊始，就将"以人为中心"作为运营理念，这些年一直致力于打通线上线下，进行全渠道融合，奉行以客户为中心，一系列组合拳不负众望地打开了市场。

根据良品铺子发布的《2020年半年度报告》（https://xueqiu.com/2994748381/157780268）显示，仅2020年上半年，营业收入超过36亿元。

良品铺子采用全域顾客意见与建议反馈运行机制，实时抓取全网数据，对客户进行标签化管理，制作出数据模型，找到消费者的消费变化趋势，以"用户数据"来推动"业务变革"。

新零售市场背景下，良品铺子重新定义"人、货、场"三要素，以消费者为中心，以消费者的体验为业务的主导，实现无边界的商业沟通。

良品铺子门店创新云货架模式，线上下单线下发货，打通线上线下，实体店配送便利，消费者买零食就好比点外卖，给生活增加很多情趣，消费者体验大大增强。

良品铺子成功的商业启示，是其找到了用户账号体系的建立方法，将用

户牢牢掌握在手中，完成用户资产私有化，绑定客户关系。

★ 为用户贴标签，进行多层次用户管理

★ 大数据打通生态链上各个环节，将消费者吸引到平台

★ 细分消费人群，预测消费心理和需求，有的放矢，解决消费者痛点

★ 提高消费者体验，精准运营，提升运营效率

良品铺子新零售优质运营启发

1.5.3　宜家的新零售秘诀

宜家作为家居业的行业巨头，有着精准的目标客户定位（20—45岁之间的消费者），将产品设计和销售紧紧抓在手里，将产品和渠道融合在一起，把服务融入销售环节，其他利润较低的环节如制造和物流，都用外包方式包给其他产业链的合作对象。

解决了运营成本问题，宜家将更多心思用于优化客户的体验服务。

宜家所有的客户信息都由问询、采购、设计、服务、运输等各个环节提供，研发员与消费者的互动性强，客户需求把握精准。

此外，宜家按照不同的住房面积打造单独或成套的样板间，从厨卫到客

厅应有尽有。在宜家，几乎所有的产品都有现场体验的机会。每个店铺都是消费者体验馆，通过消费者的亲身感受来带动其他消费者进店销售。加强了消费者的话语权、体验感，让消费者可放心购物。

> **指点迷津**
>
> ### 体验式运营
>
> 所谓体验式运营，是以有形产品作为载体，用差异化服务满足消费者的个性化要求的运营。
>
> 体验式运营让消费者和企业良性互动，在消费场景中，消费者无论是心理还是情感，都能得到极致美好的体验。
>
> 宜家的体验式运营是业内不得不提的一个成功典型，宜家不给消费者任何购物压力，充分照顾消费者感受，满足消费者需求，形成"合作式"传播，在业内赢得美名。

宜家的体验式消费，是宜家成功的巨大秘籍。

宜家是具有互联网思维的企业，它采取几乎完全自助的方式，让消费者能自主地选购商品，成熟的物流配送也能在指定的时间内将消费者选购的产品送到指定的地方。

宜家最受欢迎的不仅是家居用品，还有餐饮。宜家的餐饮区吸引的不仅是客流，更提升了消费者休闲购物的体验。根据宜家官网数据显示，餐饮并非宜家主业，却为宜家在中国的门店贡献了 10 亿的销售额（http://www.sohu.

com/a/39370273.114875），这个惊人的数字，占到宜家中国总销售额的十分之一。

宜家还重视促成消费者从会员到宜家粉丝的转化，在这个过程中，它既传播了产品故事和企业文化，也获得了消费者的认同。

宜家有专门针对会员开展的促销活动，宜家的会员有很强的被尊重感。宜家会根据消费者消费记录进行评估，对数据进行归类，不同类别的会员会得到不同的活动通知，消费者的思维会逐渐宜家化。装修、软装甚至饮食习惯，都会打上宜家烙印。

宜家主打体验，与其说宜家出售的是家居，不如说是一种生活方式，它关注用户体验的运营思维，是它成功的秘籍。

第 2 章

网络快车:"互联网+"业态下的新零售

当前，纯电商时代已经成为过去，线上线下逐渐渗透融合，新零售时代，零售运营者既不能忽视线上消费者，也不能忽视线下消费者，线上线下运营必须齐头并进。

随着互联网经济蓬勃发展，"互联网＋"进一步密切了线上线下互通、互联，新零售的未来，需要线上企业走到线下，线下企业也要在线上开疆扩土。

未来，谁能联通线上线下，并将二者完美地结合，谁就能站在新零售的风口赢得更多市场和消费者。

2.1 "电"商与"店"商

互联网时代,"电"商与"店"商之间真的水火不容吗?如果二者结合,又能碰撞出怎样的火花呢?

和以往任何时候都不同,当前的消费者拥有更多的购物选择,有人热衷于奔赴实体店,更喜欢"所见即所得"的"店"商;也有人更享受"一键清空购物车"的线上消费。

针对不同购物喜好的消费者以及日益发展的互联网,零售"店"商也必须与时俱进,搭乘互联网快车,优化运营方式方法。

2.1.1 玩转数据化个人推送的"电"商

所有依托互联网从事电子商务的运营者都可以称为"电"商。

"电"商是基于包括 iPad 平板、汽车媒体在内的每一个移动终端用户,通过网络信息广覆盖和精准用户定位来推送品牌和商品,并为消费者提供

"一键下单""线上狂欢"的购物体验。

互联网时代,很多人的手机里都至少有一个购物App,市面上层出不穷的购物App、朋友圈微商、小程序等,正在依靠大数据算法给你不断推送"购物清单",五花八门的商品和"猜你喜欢"的推送,在不断提醒着消费者去消费。

这些购物App、微商、小程序等有一些是由线下零售自主开发的,更多的是"电"商们的运营平台。

为了流量和成交额,"电"商们在各大平台积极争夺流量,有时一家"电"商会同时在多个平台注册账号,有时在同一平台也有多个账号,从京东到淘宝,从拼多多到小红书,从快手到抖音……多管齐下,无数"电"商们活跃在不同的流量池中,共享流量蛋糕。

近年来,似乎所有的"电"商们都赚得盆满钵满,这也让更多的人想要成为"电"商,渴望在这一新身份下能有不错的收获。

"电"商直播中的商品展示

2020年"电"商迎来新的发展高峰，无数明星、素人涌入各大直播间尝试"带货"，一时间，直播带货将电商推向一个新的发展高点。

2.1.2 从"店"商到"电"商，实体运营的逆袭之旅

"店"商一词是相对于"电"商而言的。实体店铺经营的最大特点是讲究"所见即所得"，满足消费者即时消费的需求。

爆火的"电"商，无疑从实体"店"商手中抢走了一大块市场蛋糕，面对"电"商的强势冲击，包括零售行业在内的很多实体店正在艰难求生。

在"电"商与"店"商冰火两重天的背后，彰显的是实体经济和虚拟经济（Virtual economy）的生死博弈，业内关于要不要"触电"、"电"商要不要发展实体经济等的讨论声一直不绝于耳。

实际上，近年来，随着运营渠道和模式的不断拓展与增多，消费者的消费体验得以大幅度提升的同时，实体"店"商的市场竞争力也得以大幅度提高。消费者在实体"店"商购买商品时不仅能见到商品实物，试吃食品味道，试穿衣服大小，还能面对面咨询导购的专业购买建议，这是实体"店"商在新零售中的竞争优势。

"电"商们提供的消费更便捷，这一点实体"店"商也能借鉴学习转化成自己的竞争优势。

互联网浪潮为"电"商的崛起提供了可能，实体"店"商虽然受到一定的冲击，但也从中找到了运营新思路——实体店可以通过社交媒体和App找到潜在的客户群体，用手机软件和小程序引流，让客户走进实体店进行消费，并提供"线上下单，线下配送"的服务，这让实体"店"商也能搭乘互联网快车，享受互联网发展带来的红利。

手机线上下单

超市配货员接单配货

商品送货员送货上门

零售实体店线上线下整合运营

2.1.3　从实体经济到虚拟经济，争取双向双赢

◆ "电"商冲击下，实体店并不会出局

作为新现象与新事物，既然线上经济如此便捷，那么，是不是就不需要线下经济了呢？并不是。

实体店并不会因为"电"商的蓬勃发展而退出市场竞争。

简单举例来说，电子书出现后曾在图书市场引起不小的波澜，很多人妄论"纸质书将淘汰出局"，但事实是，流传千年的纸质书并不会消亡。

"电"商作为一种新事物，对"店"商形成了一定的冲击，但并不会让"店"商消亡；虚拟经济对实体经济形成了一定的冲击，但并不会让实体经济消亡。

未来，将持续"电"商与"店"商并存，实体经济与虚拟经济并存的局面。

新零售时代，"电"商与"店"商各有优点，并行不悖，相互取长补短可以实现零售运营的线上线下共赢。

◆ 零售实体店"破冰"有优势

线上运营，是零售实体店开展运营的一块新领地。

当"店"商运营从线下向线上拓展时，很多品牌为了迎合消费者的消费习惯，选择入驻天猫、京东等网购平台，也有一些零售品牌建立了自己的官网开展线上销售。

线下实体店销售所具有的打破"汹涌而来"的"电"商冲击的优势，正

是实体店重视线下运营的"底气"。

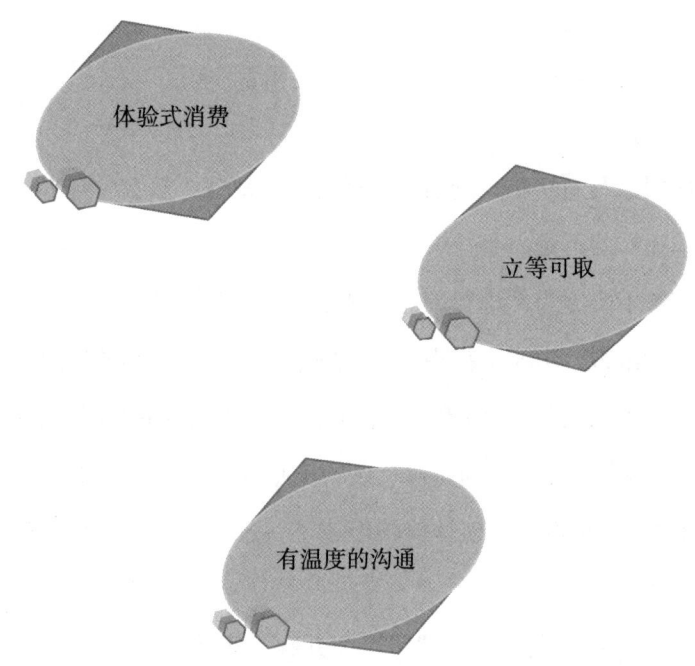

"店"商(相较于"电"商)的运营优势

体验式消费能给消费者带来参与的快乐,比如你在陶瓷店里体验做一只手工的杯子,亲手拉坯成型,最终成功烧制成品。这种体验式消费,跟在网上下单,购买一只品牌的杯子回来的购物体验,是完全不一样的。

实体店的商品不仅可见、可触摸,而且具有"一手交钱一手交货"的立等可取的优势。也正因如此,尽管网购快捷,一些境外商品不用出国即可买到,但是日常生活中,很多消费者仍然热衷于去实体店消费。

在实体店购物,可以面对面咨询店员,能得到及时的、有温度的回复,而网购过程中需要隔着屏幕与客服聊天,这两种交流的感受是完全不同的,在实体店中顾客与商家面对面的交流更能提升购物体验。

◆ 线上线下，携手双赢

线上网店和线下实体店面对着不同的客户群体，网店客户更看重价格，而实体店的客户则是追求真实的购物过程和良好的体验感。因此，实体店要进行差异化营销，才能在新零售中占据先机。

当前消费者对商品品质的需求越来越高，无论是在实体经济还是虚拟经济下，消费者对优质优价的要求都是一致的，因此，"电"商也进入了转型期，与实体经济面临同样的困境。

新零售要实现实体经济与虚拟经济的和谐发展，就要以网络前端广而告之，让客户重回实体店消费，将实体店和互联网经济融合，保证实体店的良好体验感的同时，以移动互联网的客户管理理念促成持续成交，完成从经营产品到经营客户的转变。

实体店引流，要扭转传统思维。要借助社交软件和移动App等拓宽营销渠道，从而完成引流。

新零售时代的消费者，已经养成了既要享受逛街的闲适，又要避免多花钱而选择记下产品货号再到网上购买的消费习惯。因此，零售实体店不是将自己店铺里的产品"一键搬运到网上就万事大吉"，而是要将自己的售前服务放到线上，让顾客既能享受优质优价的商品，同时又能享受到优质的服务，打开虚拟经济和实体经济双赢的局面。

2.2 O2O——线上运营带动线下消费

O2O 指 Online To Offline，是线上对线下的一种导流，让互联网成为商家完成线下交易的前哨，是互联网商业下的新形态。在这里，新零售是泛指，而 O2O 是特指。

2.2.1 零售 O2O，打通线上线下的贸易壁垒

O2O 把线下的购买机会与线上进行结合，让电商成为线下交易的平台，线下可依靠线上引流。

互联网经济下，实体店＋O2O 形式几乎已经覆盖了各行各业。

对于消费者而言，O2O 能让消费者获得更加全面的商品信息，并能对比更多同类商品，从中择优选购。

对于商家而言，O2O 能让商家的运营更广泛、高效。

> ## O2O在日常生活中的渗透
>
> 以一个普通人一天的正常生活轨迹为例,O2O已经融入了很多人的日常生活,更成为一种生活方式。
>
> 早上刚起床就打开手机点一份早餐,由线下配送到家或去店里用餐。
>
> 工作间歇,打开美团App点一杯奶茶。
>
> 中午,挑一家大众点评上口碑较好的店,和几个同事去吃午饭。
>
> 下班后,去在网上预约好的洗车中心洗车,洗完车之后,打开休闲App,挑选一家电影院看电影。
>
> 一天的所有日常生活消费,都可以通过O2O完成。

零售O2O将零售模式与O2O模式进行融合,这是一种颠覆传统的新型零售方式。

传统零售将业务分为线上和线下两大主营业务,但很多企业并没有实现二者的结合,导致调控力度大打折扣,线上线下库存无法统一管理。

零售O2O模式则通过O2O商城,拆掉线上业务和线下业务之间的壁垒,进行线上线下一体化商城的运营。

零售 O2O 可以实现线上线下互联互通

◆ 实施 O2O 战略布局,将消费者拉回实体店

在电商的剧烈冲击下,很多传统行业转型做起了"电"商,一些网络电商也涉足线下进行布局。和纯电商企业相比,传统零售商掌握实体店和消费者体验两大利好,还有长期积累的品牌信誉和会员资源。一些成功的零售商还开设连锁店,将其作为实体店 O2O 战略的载体。

互联网浪潮为"电"商的崛起提供了可能,前文提到,"电"商是基于包括 iPad 平板、汽车媒体在内的每一个移动终端用户,在多个潜在的精准客户的基础上发展而成的。基于此,几乎所有的实体店都可以通过社交媒体和 App 找到潜在的客户群体,用手机软件加以适当引导,让客户走进实体店进行消费。

现阶段，有超过八成的传统零售企业已经纷纷开始尝试自建平台进行网络销售，但无论是流量还是销售额，自建平台都跟天猫、京东等电子商务平台相去甚远。

因此，实体店想要迈上发展的快车道，一方面要积极布局自建平台，另一方面也要入驻大型电商平台，充分利用平台的现成流量。

◆ 主打体验式消费，弥补网购的天然不足

随着消费升级，各大零售巨头都纷纷根据各自的商业架构抢滩新零售市场，主要呈现为进行以技术推动的全渠道建设，以运营模式驱动的社交新零售建设。

很多零售实体店可直接试用、试穿、试吃，再加上店面租金、店员薪资等服务与运营成本高于线上，因此，一件相同的商品，线下实体店的价格可能会比线上销售价格要贵，很多消费者都会去线下专柜、实体店试用，然后再去网上搜同款下单。

当前，有很多消费者将实体店当作货品陈列的"橱窗"，发现心仪的商品后就用手机查阅网上旗舰店有无这款商品，然后选择价格更低的网店购买。尽管人们对这样的购物行为存在争议，但的确有很多人正在这么做，这让很多实体店成为消费者的"试衣间"。

对于大品牌来说，开设实体店是必不可少的，实体店是天然的品牌推广的有效方式：一方面，实体店位于人潮汹涌的中心商圈，具有得天独厚的广告效应；另一方面，很多消费者乐于享受逛街购物的乐趣，更有一些实体店在线下推出与线上不同的货源，以此来吸引消费者来店内购物。

商场店铺的商品展示

零售业已经从交易时代迈入关系的时代。消费者不但要求满足购物欲望，还试图寻找一种长期的和忠诚的关系。周到的线下客户服务能利用一些消费者"线下体验线上比价"的消费习惯因势利导将其引导到网络电商平台。这样老客户只是换了一种购买方式进行购买而已，不至于流失。

实体店中那些训练有素、温柔体贴的店员，能给消费者提供专业而周到的购买建议。消费者在购物的过程中，除了收获心仪的商品外，也能收获非常好的社交和情感体验，慰藉着现代人漂泊的心。

同时，实体店是消费者的产品体验中心，消费者亲身触摸和尝试的私人体验恰恰是网购所不能提供的。正因为如此，很多消费者从热衷网购开始回归到去实体店购物。

◆ 打通物流最后一公里,优化网购体验度

有研究称,只在一个渠道消费的消费者的消费支出,往往只占在线上和线下同时消费的消费者的消费支出的三分之一甚至更少。

毫无疑问,线下实体店对提升销售业绩作用明显。网络电商布局线下实体店,让消费者自行到店取货,一来能增加客流量,二来有机会看展示的产品带来额外销售。尤其是高科技产品和奢侈品,有了线下体验,更容易促进线上成交率。

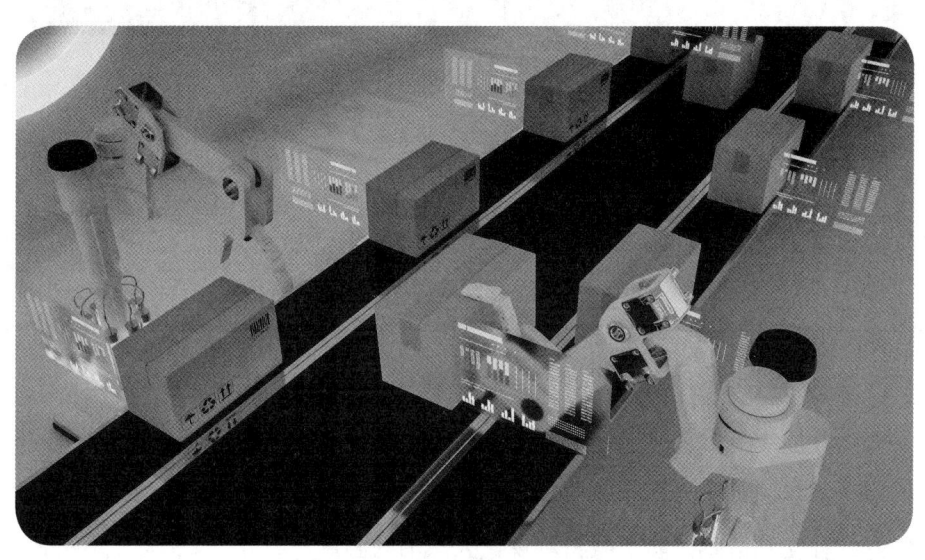

智能物流

实体店是线上卖家布局"最后一公里"的物流据点。在线订购、店内退换货的运营方式已经是大势所趋。对回购率高的商品,实体店进行大量囤货,可以免去从库房到配送站的反复。

实体店有着取货和退换货的便利条件,是电商的有力补充,实体店打通物流"最后一公里",实现线上购买线下退换,能有效提高销售额。

2.2.2 O2O 的五大维度

现在的消费者依托互联网的信息便利,消费习惯已经有了天翻地覆的变化。尤其对"90后"和"00后"年轻人来说,他们已经能实现在线下与线上流畅转换,他们总是能找到更优惠、更舒服的方式完成购物。

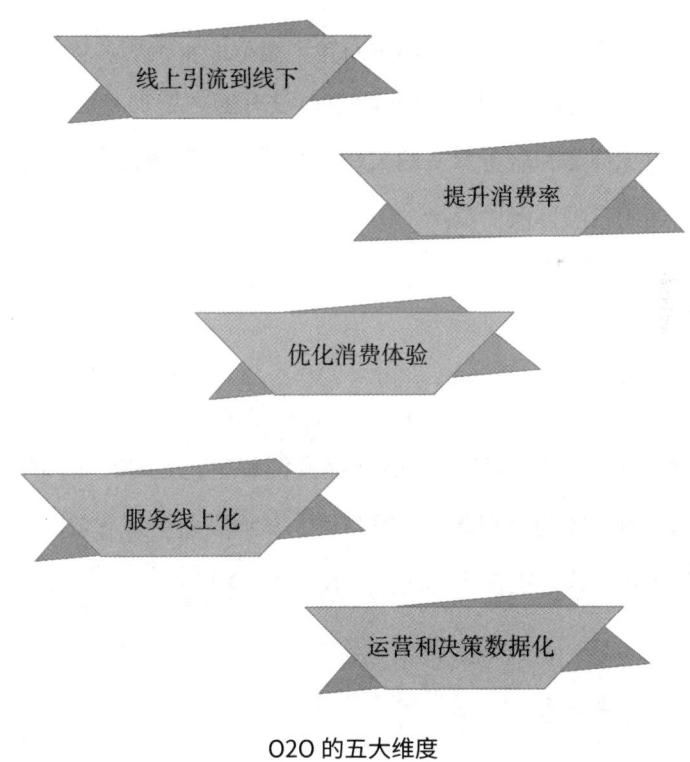

O2O 的五大维度

随着新零售的发展,实体店的零售商必须熟悉各平台的运营流程,使消费者浏览商品、下单、支付、收货以及退换货等过程畅通无阻，有步骤地实现线上线下的融合。

O2O大体可分为线上引流到线下、提升消费率、优化消费体验、服务线上化、运营和决策数据化五个维度。

◆ 线上引流到线下

将线上用户引流到线下实体店，是O2O的第一个维度，也是最被熟知的维度。商家与大众点评之类的团购网站合作发布优惠信息，或者用微信二维码等将用户引流到线下。零售商都希望引流后能带来成交量的攀升，然而实际情况是，客流量增加了，服务能力却没有随之增加。消费者要么拒绝消费，要么由于商品和服务水平的欠缺引起消费者不满而出现一锤子买卖现象，影响已购用户的再次消费。

◆ 提升消费率

通过优化服务和提高商品品质来提升消费率，是O2O的第二个维度。只有做到这一点，才能得到线下的好口碑，从而吸引更多有效客户前来成功消费。这种运营方式，也被人称之为"反向O2O"。

◆ 优化消费体验

O2O第三个维度是优化线下消费体验，其最终目的是扩大用户群，然后再结合线上宣传促进线上传播，真正打通线上线下贸易壁垒，实现二者的传播融合，与第一维度的线下引流形成商业闭环。

比如线下零售商为消费者派送优惠券，但是前提是需要消费者将优惠信息发朋友圈，等店员确认后，优惠券即刻抵扣使用，这就是O2O第三个维度在购物中的应用体现。

◆ 服务线上化

O2O的第四个维度是服务线上化，依靠越来越强大的互联网技术支持，之前在线下开展的服务完全可以转接到线上进行。

比如邮寄快递包裹时直接在物流App上填写快递信息，快递员上门取件。这样既让线下服务的压力大大减轻，也提升了工作效率，消费者满意度更高。这样做，既是对O2O的第二维度优化服务的兑现，也奠定了O2O第三个维度促进传播的事实基础。

O2O的第四维度的践行，已经不是线上或者线下能够独立完成的了。这需要一系列数据的综合考量，比如到店人次、人均消费、热销和滞销的产品等的大数据分析。只有打通各个系统，通力协作，才能进行线上线下运营决策的整体把握。

◆ 运营和决策数据化

伴随着互联网迅速蓬勃发展的新零售，催生了O2O的第五大维度，即运营和决策数据化，这也标志着O2O的彻底建立。

在这种情况下，无论消费者采取哪一种渠道进行消费，体验都是一样的，换句话说，实现了以用户为中心的跨屏互通。做到这一点并不容易，只有各部门协调一致，步伐统一，相互之间的商业壁垒全部清除才能做到。

O2O是新零售发展的趋势，决定一个O2O项目生死的，并非是其模式和资本，而是看它对市场需求的理解和判断是否精准，产品品质和服务是否经得住检验，是否能够满足越来越挑剔的客户，有没有明晰的盈利模式和脚踏实地的商业构想。

O2O以立体化的服务来提高运营效率，拓宽盈利空间，实现绩效的递增。要做到这一点，除了要采用新技术和新模式之外，还要不断为消费者提供更加优质的产品和服务。

2.3 新零售，新运营，新管理

新零售下，必然会产生全新的运营。接下来让我们一起了解运营的内核和应具备的能力。

2.3.1 新零售业态下的新运营

广义的运营指通过一切合理有效的方式方法来更好地连接产品和用户，想做到这一点，必须深刻理解企业价值观和产品及用户；狭义的运营则重点指运营活动中的拉新、转化、促活、留存。

新零售业态下的新运营，是新零售运营过程中的组织计划和实施控制，是管理产品生产和服务的各项管理的总称。在实际运营操作中，产品和运营一直充当着相爱相杀的角色。产品用来厘定和提供长期用户价值，而运营一方面要完成短期用户价值的创造，另一方面还要协助产品完善长期价值。

产品陈列设计、推荐话术、销售政策、优化消费者的产品体验、提升用户口碑、与用户成为朋友，这些都是新零售业态下开展新运营应该关注的重点内容，具体应做好以下几方面内容。

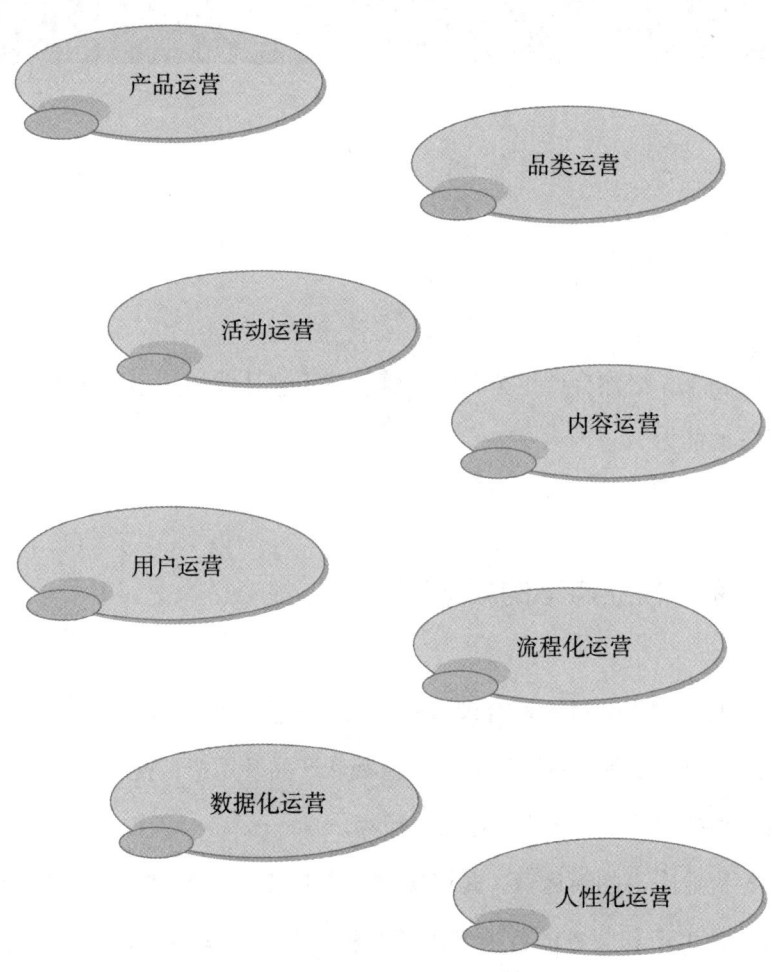

新零售业态下的新运营内容

◆ 产品运营

产品管理，就是对产品的"进销存"进行管理。对产品的动销率、售罄率、库存周转、库龄等做好管理。

为保证合理的品类销售，还要对销售结构进行价格段、品类占比分析，尤其是加强对客户购买订单的分析，针对存在的问题进行陈列调整，设计促销活动，改善问题。

不同的生命周期，要用相对应的营销动作应对，要精准把控销售节奏，将产品稳准狠地导入市场，尽量延长产品生命周期，收尾则要看准时机、动作果断。

此外，还要在销售中建立产品的"销售模型"，了解店里每款产品的生命周期，对商业生态环境保持高度警惕，不但要对产品供需情况了然于胸，还要了解商品的二级市场的价格。

◆ 品类运营

品类运营的前提是对产品深刻了解，推广方式要符合现代人的品味，既能凸显客户体验，又能提升店铺商品陈列的品位，给人赏心悦目之感，使消费者更愿意驻足了解产品。

品类运营和购物体验成正比，品类运营越是独特和成功，客户的购物体验越是愉快，消费者认同产品之后，形成依赖，品牌也就深入人心了。

◆ 活动运营

运营的重要措施是活动策划，要建立在对品牌调性的理解之上，针对活动的目的进行策划。活动准备做到位，活动流程控制好，活动总结要走心，对结果第一时间进行评估。活动的总结是商业攀升的天梯，决定活动成功的参数是促销的爆发度和衰减度。要是做活动销量就上去，活动前后都不温不火，总体算起来跟平时一样，活动就可定性为失败。好的活动不在于增加多少营业额，但必然会提升用户口碑和复购率，养成店员的销售惯性并激发销售热情，整个销售呈现出阶梯式上扬趋势。新零售兴起，与其他品牌合作进行跨界销售，也是一种有益尝试。

◆ 内容运营

内容运营指的是从生产到消费、流通和传播的全运营过程。内容运营要做好，首先定位要精准，要找到符合产品的调性，打造垂直度，最终形成独一无二的标签。内容管理要以客户感知为中心，切忌自我感动，只有用户追捧，才能完成产品价值传送。

内容运营的灵魂在于优质内容，其核心竞争力来自在内容生产者高度理解和认同企业价值观的前提下，对产品的独特思考和深刻体验。内容不是哗众取宠的手段，而是沟通用户的工具和媒介。一言以蔽之，对用户有益处和启发的内容就是好内容。

内容运营面对的不仅是客户，也包括自己的工作伙伴。只有持续地做好优质内容输出，一线的销售人员才能根据内容输出更好地了解产品，建立起信心和价值观，并且将这份价值观传递给用户。

因此新运营指的不仅是产品的销售和营销节奏的把握，更是传递价值观，继而引领价值趋同的用户成立社群，这是内容运营的发展方向。

◆ 用户运营

要做好用户运营，线上线下的数据整合工作是第一步，要知道用户是谁，来自哪里，用户的品牌忠诚度、购买力和价格容忍度等。

通过消费者购买和使用产品的频次和高价产品占比，沿着用户的新增、留存、活跃、传播以及用户之间的价值供给展开运营活动。

用户的口碑对潜在客户的转化作用巨大，好的口碑能轻松实现销售额的大幅提升。

从客户走进店里的那一刻，销售就开始了。一句精妙的话术，一处独具匠心的产品陈列，甚至是服务员的一个微笑，都是运营中必不可少的细节。为了确保服务水平的始终如一，要有一批认同企业价值观、善于跟顾客建立良好连接的服务人员。

好的运营，让产品脱颖而出

新零售的产品运营和运营管理密不可分，产品运营中必须做好运营管理，运营管理也要建立在吃透产品的前提之下。

比如客户要买一支口红，虽然消费者关注的是口红的色号、外观、功能和使用感，但产品的体验、导购的推荐以及活动促销力度也是促使客户最终下单的重要原因。

> 尤其是现在很多商品一旦成为爆款就会不断有跟风者（包括消费者和商家），大众审美被趋同化，产品同质化严重，在这种前提下，更加凸显了运营赋予产品附加值的重要性。

◆ 流程化运营

新零售的运营管理要建立在流程化的思维上，目标明确结果清晰，按照新零售业务流程和逻辑慢慢进行梳理，琢磨每个环节，敲定最终目标。

要建立完整的产品运营体系，就必须构建运营规则，建立共同发展的运营机制。以完整的用户体验运营流程为例，客户第一次购买的体验感和第二次购买的期待值之间形成闭环，在这个链条上，售后和客服都至关重要，因此要积极收集运营过程中的问题，将零售环节上的所有运营点都囊括进去，不断提升用户体验，收获口碑。

◆ 数据化运营

运营要对数据高度敏感，善于制定目标，夯实销售运营的基础。

销售额=进店人数 × 进店率 × 转化率 × 件单价 × 连带率

对于其中的任何一个指标变化，都要进行多维度立体数据分析，既要第一时间掌握数据，又不能过分依赖数据，有需要的话，要深入销售一线，了解数据变化的背后原因。

新零售运营中对数据的追踪和对比要渗透在销售中并建立模型，建立标准后,再进行科学的同比环比,分析销售的极值。

◆ 人性化运营

运营需要不断学习和总结,提升自己的灵性:对生活有着高度敏锐的洞察力,对用户心理有深刻体察;有超强的沟通能力和同理心,对于无论什么年龄段和阶层的客户心理,都能精准把握;既能做局,完成机制流程搭建,又能在运营遇到瓶颈时,及时找到杠杆破局。

好的运营,建立在对人性"贪嗔痴"的理解之上,进而在人性基础上建立产品规则,不断优化和提升用户体验。

新零售下的运营管理是一个复合式的工作,需要运营管理人员既懂销售和内容,也懂用户和项目;既懂行业和业务,也能建立起适合自己的运营策略。只有理解产品和用户,才能有全局思维,结合产品制定策略,对关键性业务流程进行调整;既要懂业务,能对业务的良性发展负责,也要懂用户,对用户预期与体验负责。

一言以蔽之,运营管理是为产品赋能,赋予产品以灵魂,将其富含的核心价值传递给用户。

共享平台化运营

经常上网的人,可能会意识到一个有趣的现象,那就是南极人这个牌子的产品可以说无处不在,既有暖手宝,又有电风扇,从母婴用品到厨房用品可以说无所不包,几乎已经渗透人们生活的每一个方面。

> 事实上，这是南极人致力于以消费者为中心，打造"全品类消费品王国"的购物体验而做出的努力。
>
> 早在2008年，南极人就拿掉自营的生产端与销售端，转而做品牌授权，完成轻资产平台化运作，成功蜕变为一家电商服务型的共享平台企业。平台融合供应商、经销商和互联网平台，以用户为中心，从产品研发大数据分析、运营计划到视觉展示等，为电商企业提供一站式服务。一手串联起品牌电商、服务电商、电商产业园三大板块，是典型的零售+产业生态链方式，获取了巨大成功。
>
> 南极人的共享平台化运营，值得新零售从业者仔细体会学习。

2.3.2 一体化的新零售管理模式

目前，企业的线上操作体系大多是相对独立的，即多是独立的电商部门单独运作线上的旗舰店，由此形成了独立的经营体系、独立的顾客管理系统。

目前来看，大多数企业对线上的定义也比较简单，就是网上卖货。那么，企业构建线上线下一体化体系需要做些什么？具体如下。

◆ 构建起线上线下一体化的市场体系

要打破线上与线下分割的格局。随着互联网的发展，整个市场已经发展成为线上线下二维市场。两个市场的有机结合才会构成完整的市场结构。线上与线下的割裂只会是一个过程，最终必将走向整合与统一。

◆ 建立线上线下全渠道引流的思想

要结合当前的互联网市场环境，构建线上、线下一体化的流量模式。线下市场能有效支持线上市场的流量需求，线上市场可以更多支持线下市场的营销。

打通线上与线下两个市场，实现这两个市场互联互通，互相发挥更好的价值，是当前新零售企业迫切需要做的事情。

2.4 新的突破口:云零售

云零售概念自提出之后,与其相关的争议从未停止。究竟未来消费者将面临怎样的消费形态呢?云零售的未来又将何去何从?想要解答这些问题,先要了解消费时代的不断进化。

2.4.1 消费 4.0 时代的到来

日本作家三浦展的《第四消费时代》中,提出了消费时代划分概念。根据书中的划分方法,随着我国消费形式的不断变迁,我国民众消费已从消费 1.0 时代演变成今天的消费 4.0 时代。

◆ 消费 1.0 时代——计划消费,市场收紧

20 世纪 50 年代初,我国实行计划经济,百姓生活必需品采取配额管

理，商品买卖通过发放粮票和布票等形式流通。当时，物资紧缺，选择余地狭窄，零售主要采取供销社柜台销售的形式。

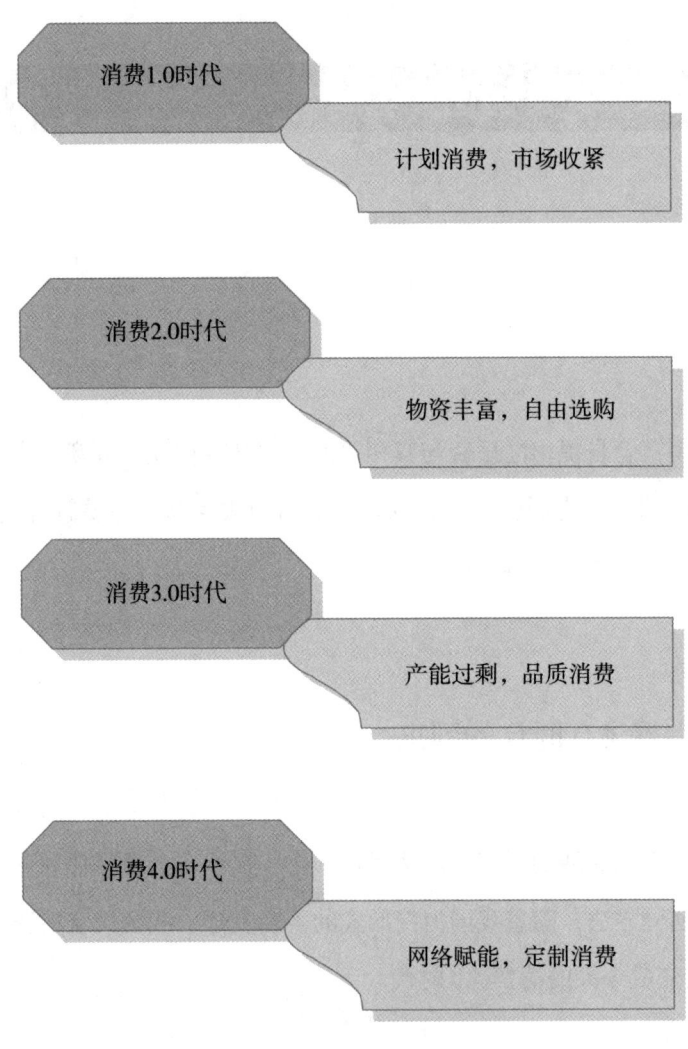

不同的消费时代及其特点

◆ 消费 2.0 时代——物资丰富，自由选购

市场经济赋予了经济强大的活力，社会生产力的蓬勃发展大幅度提高了人民手中的可支配收入，国内产能提高，商品种类日益丰富。供销社早已无法适应时代需求，我国开始建起大型商场和超市以及便利店等零售业态。商品的销售渠道变得多元，供需逐渐得到平衡，消费需求得到基本满足，有足够的供应实现自由选购。

◆ 消费 3.0 时代——产能过剩，品质消费

社会物质生活进一步丰富，产能过剩，供大于求。物质文明悄然改变了人们的消费观念，越来越多的人开始重视消费服务与体验。

这一时期的零售业态，出现了遍地开花的专卖店、会员店和购物中心，来满足消费者日趋多样化的品质消费要求。

◆ 消费 4.0 时代——网络赋能，定制消费

这一时期消费的主力军，是"80后""90后"，甚至是"00后"，这是自带互联网基因的一群人，他们关注商品价值，也关注自身个性化的商品需求。

伴随消费升级，越来越多的消费者在商品的价格之外，更看重品质、美学和人格认同等附加值。有些商品本身消费者可能并不需要，但还是会选择购买其产品或服务。这说明消费者开始变得感性，愿意为喜好和情怀买单。由实用主义变得注重个性化、情感化和社交化，选购的商品也正在实现从"标准化"到"定制化"的转变。

2.4.2 零售进化论：从"二八定律"到"长尾效应"的嬗变

新零售市场中，很多人觉得实体店不好做是因为电商的冲击，其实并非如此，零售实体受到市场的"冷落"，其实是"新的年轻人、新的消费习惯"对传统零售业造成了巨大冲击。可见零售企业的真正威胁是消费业态和消费者的改变。

新零售时代，消费背景持续升级，实体店也必须一直保持进化。

所谓零售的进化过程，就其本质而言，也就是"人、货、场"不断重构的过程，以满足消费者不断升级的消费需求。

当前，新零售实体店要做的应该是把产品和服务提供给消费者，销售的过程应该调动包括主体、载体和客体在内的整个有机系统，共同服务消费者。在这个系统中，主体是商品和服务，作为交易的标的使用；载体是交易渠道，也就是销售场所；客体则是价格和品质等交易的价值。

社会物资短缺的时候，商品销售呈现出"二八定律"，也就是说20%的商品占据80%的市场份额，口碑高质量好的标准化商品高度支配市场。比如桑塔纳就一度成为轿车的代名词。

在物资极大丰富的社会，销售则出现"长尾效应"。所谓长尾效应，指的是大众需求主要集中在头部，小众需求主要分布在尾部。少量的差异化需求会形成一条"尾巴"一样的长线，所有利基市场相加所形成的市场比流行市场还大。市场上的爆款产品集中在头部，各种长尾产品分布在不同的利基市场，"头部"和"尾部"几乎平分秋色，甚至尾部份额更大。比如手机就是一个长尾市场，华为和苹果等品牌组成"头部"，其他手机品牌位于"尾部"。

长尾理论

从事过市场营销行业的人或多或少都听说过"长尾理论",这是由美国人克里斯·安德森随着网络时代兴起所提出的一种新型理论。

长尾理论主要阐述的是众多产品汇聚一体可与主流产品相匹敌的市场能量,即聚沙成塔,创造市场规模。也可以这么说,企业的销售量并不仅仅取决于金字塔顶端的"畅销商品",而更多的是取决于经常为人遗忘的那些"冷门产品"。

比如,某家书店的图书季度销售额中,有四分之一来自非知名书籍。这些"冷门"书籍的销售总额可占整个书市的一半。简而言之,长尾所涉及的冷门产品涵盖了更多人的需求。

在物资丰富的社会,消费者的购买倾向呈现出"巡游花车"和"自命不凡"两种倾向,"巡游花车"是大众消费需求,"自命不凡"与之相对,指的是小众需求。

新零售市场中,各类产品需求的总量并不平均,呈现出大品牌"高调做事"、小品牌"默默无闻"的态势。可是在互联网浪潮之下,小众需求被瞬间放大了无数倍,这就是"长尾效应"在新零售中的表现。

长尾效应是物资丰富的社会的一种状态,如果仅有头部,用户的更多需求无法满足;但如果仅有尾部,用户会感到"一脚踩进一个陌生的世界",

无所适从。

从传统零售时期到新零售时期的变化，就是从"二八定律"到"长尾效应"的嬗变。

2.4.3 云零售：引导新的消费潮流

新零售的未来会怎样？从消费角度出发，能够肯定未来的消费需求将变得更加多元，消费的迭代速度也将增加，小众利基市场变得更多，出现"新长尾形态"。

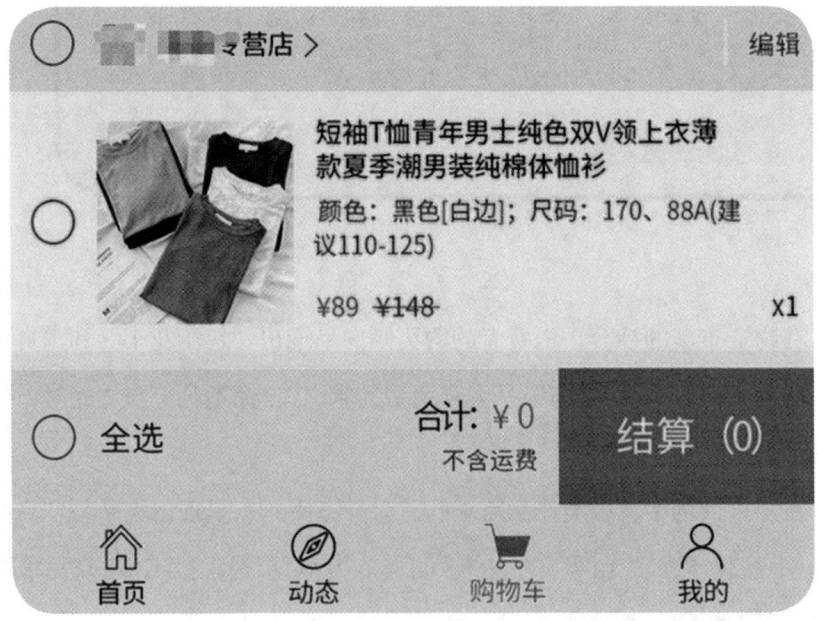

在线购物

不论商业怎么演变，都无法改变零售的本质，就是从始至终为消费者提供超出预期的产品和服务。

零售实体店想要运营"超出预期"，就得充分懂得消费者的消费心理，以大数据方式来为消费者绘出全息消费者画像。以用户为中心，在用户、产品与服务和供应链等数字化基础上，开启全天候全渠道的消费体验。

零售的客户逻辑是"商品懂我，我为懂我的商品、良好的体验买单"。

零售的三要素"人、货、场"的重构是不断变化的，包括商品和渠道、价值、大数据串联的云计算方式。

将零售的主体、载体、客体的数字化云端整合，通过云计算，让消费最终按需分配，这也就是新零售的终极演化形态——云零售！

◆ 云零售的主体：产品 IP 化

云零售注重客户的体验感，其遵循的商业逻辑是以"用户"为中心，搭建起"IP+用户+商品"的社会化链接，完成产品 IP 化。

物质极大丰富的社会里，满足消费者的不再是商品的"使用价值"，而是"情感体验"。用户追求"情感体验"的愉悦，来满足内心的渴望。消费的链条也从"人找商品"改成"商品找人"。

IP 会将更多商业价值内涵赋予商品，围绕在 IP 身旁的用户是一个个具备共同认知而聚集起来的价值群落，没接触 IP 之前，消费者的购买欲尚未被激发，一旦购买欲被"激发"出来，用户的"转化率、购买频次、客单价"必然会有极大提升。

新零售时代的到来，零售的逻辑被彻底颠覆，从"产品—终端—消费者"到"认知—定制—产品"，甚至是先有 IP 后出产品，就算没有实物商品，消费者也能跟 IP 的链接派生出新的情感数据。在私人高定式的零售模式中，实体店清楚用户需求，并且为之努力，从而能为自身赢得更多的消费者。

褚橙是 IP 化商品的典型代表，消费者购买褚橙，并不只是买橙子，更多的是购买橙子背后的情怀和故事，消费的是褚橙创始人坚韧不拔的精神为自己带来的情绪价值。即便不爱吃橙子的人，也会因为橙子被赋予的附加价值而买单。

新零售的发展方向，就是建立在消费者的情感数据之上，完成所有产品的 IP 化之路。消费所倡导的是日臻极致的产品体验，愿意为美好的事物买单。

很多新技术的产生也为云零售提供了载体，在产品 IP 化道路上，终端的商品销售渠道作用退居二线，摇身一变成为消费者的消费体验和数据上传的端口。

◆ 云零售的客体：数字化处理

云零售完成了从无到有的"创造消费"和从 1 到 N 的"复制消费"。对实体店零售商而言，用户不是具体的人，而是数字化的集合体。数据绘出的消费者全息画像，能够帮助零售商更好地了解消费者。不但能了解消费者的购物欲望和消费体验需求，甚至还能挖掘出消费者内心更深层次的隐藏信息。比如客户来买一斤茶叶，云零售就能通过数字化处理，了解到客户有潜在的茶具和茶艺需求，这样就催生了新的消费者需求。

数字化赋能深入用户内心，打造一体化的产销，帮助客户得到真正想要的定制化体验。

未来的商品，究其本质是超级 IP，生产商品的时候，消费者也同期产生，通过零售渠道完成双方的价值传递。新的产品不断产生，新的消费欲望也不断被激发出来，消费者被一个个"克隆"出来。那时候的市场也是数字经济控制下的统一市场，商业逻辑被重新塑造。那时候的零售企业核心竞争力就是包含编程和云计算能力的数字计算能力。

对消费者来说，交易的时候只要提供个人全方位的数据信息，在任何超链接端口都能尽情体验产品，并对产品和服务进行评分。消费者不再为商品买单，而是为自己的体验买单。谁最了解消费者，谁将占领市场。云零售的数据，同时赋能于生产和消费。

"所想即所得，所得即所爱"，消费者的消费需求催生了零售商提供全新商品和服务，而这些商品和服务又反过来满足了消费者的体验需求，实现了消费者和零售商的共赢局面，这就是未来云零售的消费愿景。

第 3 章

品质视听：好品牌，为运营助力

品牌是企业重要的无形资产，好的品牌就像是一张非常好的企业名片，能帮助更多的消费者了解企业文化和产品内容，并产生认同感，有助于提高消费转化率，让企业走得更远。

新零售时代，品牌作用越来越大，未来的新零售，将会从一二线城市到五六线城市不断下沉，实体店将以品类差异化和场景体验获取客流。好的品牌，必然让企业运营如虎添翼。

3.1 理论先行，从 4P 到 4C 再到 4E

说到新零售时代的品牌运营，你首先会想到什么呢？是别致有特色的品牌 logo，还是品牌的走心文案？是洗脑式的广告词，还是超人气流量明星代言？是别出心裁的店面装修，还是规整有序的货品陈列？

品牌运营内容丰富，要想做好并非易事。

新零售时代，实体店要做好品牌运营，既不能盲目复制线上零售策略，又不能不计成本和市场反应去盲目尝试。掌握运营理论，或许能在实体店运营尝试中寻找到有利的突破口。

3.1.1 传统 4P 营销理论需要迭代升级

4P 营销理论的内容，包括产品、价格、渠道和促销，这一点在本书第 1 章亦有提及。

在实际的新零售运营之中，4P 不一定要全部使用。比如产品开发的时候，要注重其性能，而且突出其独特的卖点。

如果 4P 中的 1P（产品）做得好，不但性能出众，而且在设计功能及时尚感方面独领风骚的话，也能大获成功。

线下实体店步履维艰的同时，线上的网络经济也遭遇困境。实体店受困于房租、人员工资、税收、电商分流等现实因素，网络经济也面临网购人群红利耗尽、客户缺少购物体验、获客成本增加、商品同质化严重等问题，零售业面临一场艰难的行业转型。

新零售营销要以消费者为中心，以新技术为行业驱动，用大数据挖掘消费者需求，融合线上线下体验，满足消费者不断提高的消费需求。从商品的设计开发到运营全方位进行升级，打通线上线下渠道，重塑零售业生态。

在这样的大背景下，传统 4P 营销已经不再适应当前的经济环境。

价格在不同的市场定位需要制定不同的策略，有时候单打价格牌也能收割一大批忠实客户，这在大卖场的运营中非常有效。

零售企业和消费者的联系，往往是通过分销商建立的，很多东西都只能在企业指定的经销渠道购买，这种只能作为短期营销。

促销是 4P 中最重要，也是被误解最多的。促销不单单是价格战，也包括和以客户为中心的消费者互动。

随着新零售的发展，4P 理论得以扩展，产生了新的营销组合 4C 理论。包括消费者、成本、便利和沟通，极大地丰富和补充了营销理论。

从 4P 到 4C，体现的是企业从以产品为中心到以消费者为中心的思维转变，是新零售时代用户思维的体现。

3.1.2 以消费者为中心的 4C 营销新理念

4C 营销理论是由美国营销专家劳特朋教授提出的，它以消费者需求为导向，重新设定了市场营销组合的四个基本要素：消费者（Customer）、成本（Cost）、便利（Convenience）和沟通（Communication）。

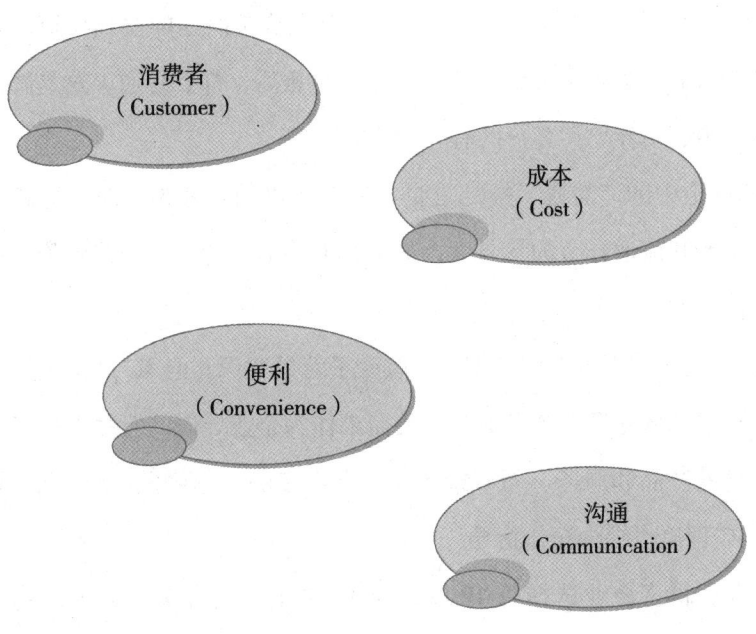

4C 理论内容

4C 是对 4P 理论的补充，4C 营销组合是客户营销组合，强调实体零售要从客户的需求出发，注重消费者的体验感，既满足消费者需求，又实现企业的盈利。

4C 理论中的"消费者"指的是企业要了解消费者需求，在满足消费者需求的基础上设计和生产产品。企业要把消费者的用户价值放置在产品和服务之前，只有通过大数据分析出消费者需求，并针对其需求进行生产，才是精准的营销。

4C 理论中的"成本"指消费者购买产品所花费的金钱、时间和精力成本，以及购买产品的风险。这体现了营销理论定价的创新，不但能把商品卖出更加合理的价格，也能根据消费者特征进行产品研发，并进一步优化供应链和降低企业与消费者成本。

4C 理论中的"便利"指的是消费者有无购买商品的便利渠道，企业要疏通消费者购买渠道，无论售前、售中还是售后，都要打通。这是降低消费者购买成本、培养忠实客户的有力举措。

4C 理论中的"沟通"指的是企业推广要以消费者为导向，提高消费者在商品生产和流通环节的参与度，形成企业和消费者双方的情感价值观的双向沟通。

4C 理论注重满足消费者需求，改变了营销意识。但 4C 理论依然存在局限，尽管它承认并且强调以消费者的需求作为企业导向，但并未真正将其转化成合理的产品和服务。新零售企业还有很多的工作要做，而且跟 4P 理论相比，4C 理论也缺少操作指导。

因此，很多企业选择将 4P 理论和 4C 理论相结合来指导运营实践，以消费者需求作为企业导向，以消费者为中心的营销理念贯穿经营过程始终。可以说，4C 理论指导下的运营是新零售背景下企业品牌的发展方向。

3.1.3　4E 营销理论，新零售大势所趋

新零售背景下，企业不但要架构数字媒体，更要在营销理念方面与时俱进。奥美互动全球 CEO 布莱恩在 4P 理论的基础上提出 4E 理论，下面就结合 4E 营销理论来阐述一下新零售的未来发展。

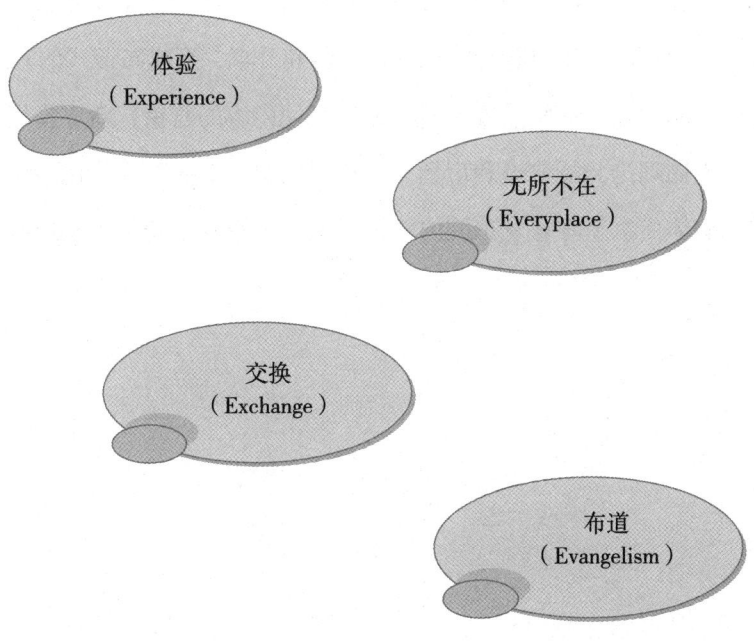

4E 理论内容

4E 理论的第一个内容是"体验",零售业者要将满足消费者需求理念转变为满足消费者体验,并做出相应措施满足消费者体验,提高品牌影响力。

4E 理论的第二个内容是"无所不在"。指的是消费者购买产品时所处的购物时间和空间、营业时间、店铺装修风格、店内货架和商品陈列、店员以及其他顾客行为等,都会影响消费者的购物。

4E 理论的第三个内容是"交换"。由于数字媒体的加持,消费者很容易对商品的价值进行判断,购买产品时要求产品性价比高,有情怀,并希望能够便捷快速地收到心仪的产品;零售商则要求大量引流,围绕"人、货、场"不断引流,提高转化率是新零售营销的重点。

4E 理论的第四个内容是"布道"。新零售时代,消费者的消费观念和价值观都更加多元化，新零售经营者摒弃传统营销，而专注于品牌营销。以令人过目不忘的创意，让消费者主动进行宣传和分享，形成布道式的营销。

无论是品牌建设还是品牌营销，或者其他内容的营销，新零售经营者都要学会用不同理论分析业态和市场，并适时以组合拳的形式使用理论，如此才能帮助实体店在新零售业态圈内不断壮大，不断收割新零售发展的流量和市场红利。

3.2 品牌意识与品牌定位

3.2.1 品牌意识培养:"望""闻""问""切"

在势不可挡的新零售业态中,品牌营销是实体店不可或缺的一部分。

任何一个企业品牌,都要有品牌核心和品牌故事,都要有一个符号,让人想起来就心生温暖。

作为企业传递理念和价值观的载体,品牌意识在品牌运营中的地位非常重要。品牌意识的培养,离不开"望""闻""问""切"四字诀,具体分析如下。

◆ "望"

"望",是企业自我审视的过程。

从企业发展中,很容易看出品牌战略是单品牌还是多品牌,是独立品牌还是主副品牌战略。

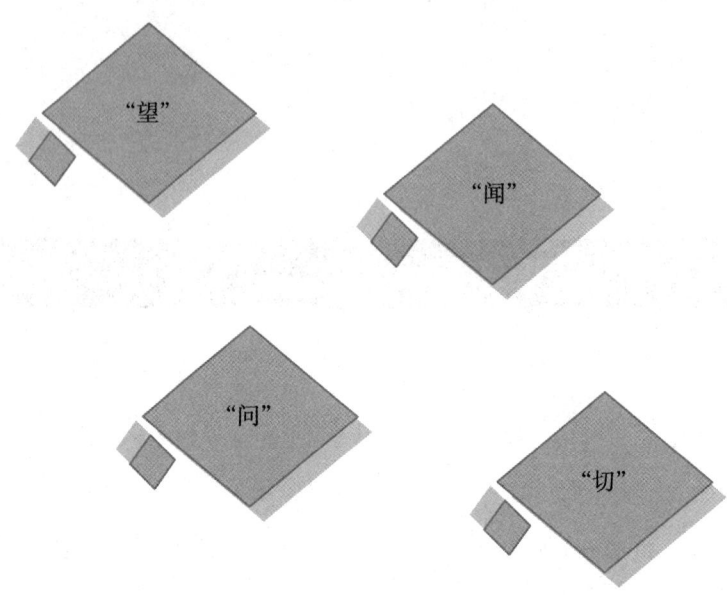

品牌意识培养四字诀

企业要想看自己的品牌意识是否确立,需要"三步走"。

第一步,确认零售传播渠道是否健全。

第二步,明确零售品牌内容和风格。

应明确公司品牌能否做到全渠道传播,明确传播风格、产品内容和营销内容风格。不同公司品牌定位不同,品牌风格也不一样。创始人和品牌运营者的气质,也影响内容传播风格。

第三步,了解员工对零售品牌意识的影响。

企业发展,以人为本。品牌工作是集体完成的,企业要善于引领员工。如果是刚入职的新人,要了解部门同事的岗位职责,了解同事们对公司品牌的认知。加入品牌运营团队后,要了解新媒体岗位同事的认知,例如,他们除了做新媒体内容输出之外,是否了解新媒体后端技术,能否玩转事件营销,以及他们平时关注的 App 是什么。

- 有无微信、淘宝之类的社群建立
- 是否建立如头条号、大鱼号、公众号等自媒体矩阵搭建
- 有无抖音、快手等短视频加持
- 是否具备百度问答、百度知道、百度百科等矩阵搭建
- 有没有建立知乎、百度贴吧等问答类平台
- 是否打通了行业论坛、地推活动、微信群等传播渠道

多元化的新零售品牌传播渠道

◆ "闻"

"闻",要求企业要学会倾听品牌传递给消费者的内容,以及消费者的回馈。从品牌知名度、美誉度和忠诚度三方面考察企业是否具备相关条件。

◆ "问"

要做好新零售,"问"必不可少。对于刚跨入零售业的行业新人来说,无论运营什么品牌与产品、身处什么岗位,想要做好新零售管理,快速融入团队,快速熟悉新零售运营的各个流程,就需要多问。

例如,要明白品牌定位、目标市场、企业内部架构,清楚同事对各自岗位的看法等,这都会让你在管理团队时事半功倍。

◆ "切"

以上三点做完之后,整个品牌运营中的错误和疏漏就能一览无余,可以很方便地察觉品牌传播和企业品牌思路是否统一,消费者对零售品牌工作是否认同等。

只有具备品牌意识,梳理品牌意识与运营中存在的不足,才能更好地实行品牌思维、策略和战术。

整个品牌意识培养过程中,"望""闻""问""切"四字诀缺一不可。

3.2.2 找准品牌定位才能乘风破浪

◆ 如何找准品牌定位

品牌定位的核心,是对品牌和商品不同价值的凸显。

企业做品牌定位,可以将大钱花出气势,小钱花出性价比,具体的做法如下。

第一,广而告之。

品牌的长传播期内,酒香也怕巷子深。企业要将品牌广而告之,尽可能地把影响传播出去,让尽可能多的人知道你的企业。企业的名称、产品、广告语、logo、代言人等信息,消费者知道得越多越好。

第二,精准定位客户群体。

在定位客户阶段中,应明确潜在的消费者和利益相关者与品牌之间的关联。企业要找到精准的客户群体,避免做无用功。比如一个未婚女性,她大概率是不会关注尿不湿等婴幼儿用品的。

第三,构建品牌与消费者之间的联系。

这是消费者和品牌之间迈出的关键一步,企业需要提升消费者对品牌的认同,还要想办法让消费者和品牌之间进行沟通。

第四,谋求关注。

企业的品牌价值发展到这个时候,开始初显成效,出现窗口期。消费者和品牌形成初步联系,为今后长期持久合作奠定了基础。品牌只有为消费者提供其所需要的价值,才能为二者的持续合作奠定可能。

第五,强调认同。

企业和消费者从素不相识到初步认识,从初步认识到开始交往,再到产生情愫。这说明二者之间产生了价值和情感认同。只有有了这种认同，消费者才会喜欢产品，成为某产品或品牌的粉丝。

"粉丝"（消费者）排队购买自己认可的商品

第六，让消费者对品牌产生依赖感。

企业生产的品牌要想在消费者之间形成忠诚度和美誉度，就要促成重复的消费，才能形成口碑。事实上，一个企业生产的品牌在物质极大丰富的今天，要是没有绝对实力，是很难让消费者产生不离不弃的购买心理的。事实上，超过95%的企业都做不到这一点。

如果企业投入在广告上的经费有限，那么就要想出其他尽快打开知名度的方法。企业要先给产品站台，给品牌取一个令人过目不忘的好名字，讲好品牌故事，做好自传播，实施社群裂变，抓住一切能抓住的热点让自己"红"起来。

以上是企业做品牌定位之前，必须清楚的问题。

◆ 品牌定位的四大常见策略

这里重点解析品牌定位的四个策略。

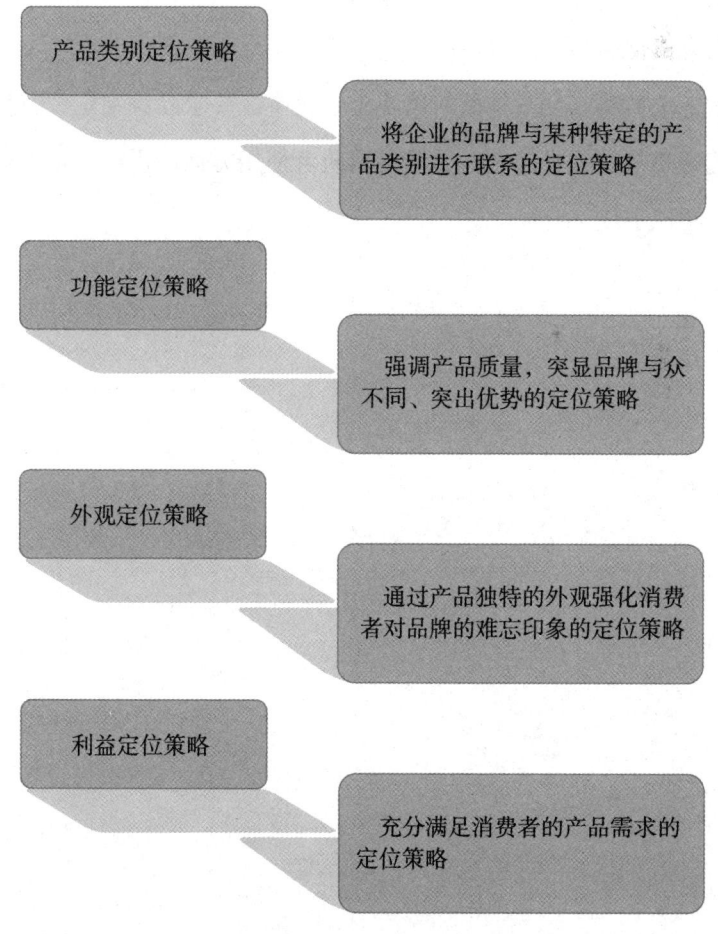

品牌定位的四大常见策略

产品类别定位策略，指的是将企业的品牌与某种特定的产品类别进行联系的定位策略。让消费者见到这种产品，就联想到这种类别，进而形成品牌联想。看到这类产品类别，就会想到品牌。这里的例子是天猫的无人超市，现在的人一提起新零售，就会自动想到天猫的无人超市。

功能定位策略，要求突出产品的功能，强调产品的质量过硬，或者是其他方面的过人之处，从而强调自己产品的突出优势。

外观定位策略，主要是通过产品独特的外观特征，让品牌给消费者留下过目难忘的印象。产品外观是产品定位中的重要一环。突出的外观既体现品牌定位，也强化了品牌定位。

利益定位策略，在具体的策略实施过程中，要求品牌在定位时就向消费者承诺能够给消费者带来利益，满足消费者使用方面的需要，进而突出产品的优势，实现定位。

3.3 文案吸睛，才能吸金

新零售背景下的产品营销，要想从千军万马中厮杀出一条路，就要有好的品牌营销文案的帮助。

现在流行的爆款商品中，哪一类品牌或广告的文案更能吸引消费者？消费者为什么喜欢？品牌的广告视觉表达如何才能做得出众？广告的文字、图片怎样才能更打动人？这些都是零售实体店在建设品牌文化、进行店面宣传时需要考虑的事情。

优秀的文案不但从心理上触动消费者，还让消费者产生深层次的情感认同和共鸣，为商家带来巨大利润和流量。

3.3.1 好文案抵得过千军万马

互联网时代，为了争夺消费者的眼球，文案小编们可以说是使尽了浑身解数。

好的文案不但能够增加企业和产品的曝光度，还能提升消费者的品牌认知，提升转化率。

消费者在认识产品之前，先认识文案，某些时候，消费者购买某件产品，不是购买产品本身，而是购买文案，在这方面，江小白是很好的例子，它总能以看似扎心的文案，一次次夯实消费者对江小白白酒的印象，甚至将其转化为青春的一个符号，这就是好文案的表现。

◆ 小文案，大乾坤

很多品牌商忽略文案，实际上，好的文案能显著促进产品的知名度。文案创作的时候，文案策划者首先要吃透产品，剖析产品的风格和卖点。好的文案可以赋予产品风格，将产品打造成消费者心中的爆款。

好的文案，能将设计、客服、运营等环节衔接起来，形成完整的设计闭环。

文案并不是独立的，而是要跟运营和美工紧密结合。只有深谙消费者心理，与卖点结合，才能写出直击人心的文案。之后将文案交给设计运营，完成页面设计，做好整体运营，推动整件产品的营销。要是文案没有凸显卖点，也没有展示消费者需求，就很容易造成设计页面时反复修改。

文案是不是对产品夸赞得越多越好呢？当然不是。

文案是不是满大街喊口号，让人们走到哪里都能看见才好呢？当然也不是。

文案洗脑是一种有效的运营策略，但并非所有企业及产品都适用，并不是把文案宣传得铺天盖地就能起到好的宣传效果。

文案要了解消费者和产品，让消费者看到文案，就知道产品可以解决他们的哪些痛点，进而被文案吸引，认同产品和企业价值观，这才是对营销有巨大作用、能够给企业带来流量和真金白银的好文案。

母亲节温馨海报文案

◆ 文案应包含的主要元素

文案包含标题、正文、广告口号和广告随文。

标题

好文案的标题一定能够起到画龙点睛的效果，令消费者过眼难忘，迫不及待地想探究正文的内容。

现在是知识爆炸的时代，网络上充斥着碎片化阅读，消费者往往先选择阅读标题，以期能对内容有大概了解再决定要不要点击阅读正文内容。所以文案有个好标题，就成功了一半。

可以将广告文案标题置于醒目位置来展现广告主题，新颖独特的标题更能勾起消费者的好奇心，吸引消费者去看正文内容，这样一来，零售商便赢得了向消费者展示产品的机会。

正文

如果只是标题起得好，正文没有干货，那么消费者就会有"上当受骗"的感觉，这样的文案自然不会让消费者更亲近产品与品牌，相反，还可能让消费者疏远产品与品牌。

因此，正文是文案的重要内容，必须引起重视，正文内容要能带给消费者真实有效的产品与品牌信息。

广告口号

广告口号是广告的灵魂，好的广告口号是广告文案的内核，能够强化消费者对品牌附加服务的记忆。广告口号可以作为固定的企业文化内容进行反复推送，展现阶段性的广告策略，这也是对广告主题的高度概括。

广告随文

广告随文是以文案附属性文字的形式出现的，一般附在正文之后。随文一般内容固定，大多是介绍企业名称、地址和联系方式，以及购买产品或服务的方法，或是特别需要进行说明的内容和表格等。

3.3.2 创作爆品文案的四大诀窍

品牌营销的时候，要正视文案的积极意义，很多时候，产品的市场不是靠功能和质量打开的，而是靠文案打开的。好文案不但能提升产品的知名度，还能提升产品的美誉度。这里介绍四种用词，揭秘如何创作出精彩的文案。

◆ 重复词

熟练使用重复词，是文案必备的技能之一。很多品牌因为深谙这个道理，才创作出了爆款文案。爆款文案往往只有一两句话，重复词反复出现，很容易被消费者记住。

◆ 冲突词

冲突词在文案中如果使用得当，更容易给消费者以耳目一新之感。比如"贵族消费，平民价格"，在这里贵族和平民就是一对冲突词。两个词放在一起，传递给消费者质优价廉的信号，消费者自然愿意接受商家的好意。

◆ 近音词

所谓近音词，更类似于我们平日所见的顺口溜。虽然很多品牌商觉得这种方法太过接地气，不够高大上，但是这种浅显易懂的文案受众较多。

江小白致敬青春的"青春不朽，喝杯小酒"很有醉笑陪君千万场的意味。这里选择近音词要符合品牌和产品的语境，不能依照自己的喜好选择无关词语，也不能为了蹭某个品牌经典文案的热度而生搬硬套。

近音词能让文案增加韵律，因此很多文案会写成顺口溜或者是三句半的形式，以生动俏皮的方式加深消费者对产品与品牌的印象。

◆ 衬托词

阐述商品卖点的时候，采用衬托词是很讨巧的办法。可以给消费者带来非凡的消费想象，吸引消费者产生购买的欲望，只要衬托词选择适当，就能无限放大产品的优点，消费者自然愿意买单。

比如"特步，飞一般的感觉"，消费者看到这句广告语，脑海中会自然想象出自己穿上特步鞋服自由奔跑的场景，并且想象到特步运动鞋极其轻薄舒适，穿上后能够体验健步如飞的感觉，从而愿意为这种体验买单。

百年老店的曲折转型路

百年老店在新零售时代的推陈出新是必要的，但是如果把握不好运营重点也会做很多无用功。

国内某知名餐饮品牌是餐饮界的百年老店，但近几年的运营发展也遭遇了瓶颈，销售原地打转甚至有下滑趋势。

该餐饮品牌联手外卖平台，发展外卖业务。既想做线下高价精品食品，也想开拓线上平价外卖。但缺少大数据系统分析，同时面对中高档市场和低端市场的联合夹击，左支右绌。

仔细分析来看，该餐饮品牌的运营困境除了市场竞争过于激烈之外，也跟品牌目标人群定位不明有关。

作为高档餐饮品牌，为迎合消费者，不惜零落自身核心产品，反而模仿网红美食，在市场定位上也由高端市场下沉到中低端市场，轻率地改变品牌定位，探索不符合自己条件的经营方法，以至于做了无用功。

作为百年知名餐饮品牌，也许继续专注于高端定位，深度挖掘和开发产品，才能在新零售大背景下将百年老店的金字招牌擦得更亮。

3.4 货架陈列与商品摆放的秘密

对于零售实体店来说,消费者进店后的第一印象非常重要,因为这个"第一印象"将影响消费者是否愿意为产品或服务买单,进而影响实体店的零售转换率。

好的货架陈列和商品摆放,不但能让客户对商品摆放的位置一目了然,更能迅速地把商品的外观、性能、特征、价格等信息第一时间展示给消费者,节约消费者的购物时间成本。

3.4.1 货架陈列不得不说的秘密

货架陈列从大的方面来说,大致分为规则陈列和不规则陈列两种,前者符合常规审美,后者别出心裁。

不规则陈列是把商品看似杂乱无序地放在货架上,任凭顾客随意拿取。这样不但方便顾客更仔细地查看商品,还能给顾客带来这类商品打折便宜的感觉。

某商店货架展柜效果图

当前,与规则陈列相比,顾客很明显更钟爱随意自由的不规则陈列。事实也是如此,不规则陈列可以轻松实现销售额翻番。

因此,在零售实体店中,对于货架摆放,不妨多进行不同陈列方式的尝试。

3.4.2 探析商品摆放的秘密

◆ 照顾消费者视线

很多店里都把爆款产品放在顾客视线平行的地方,其次是客户齐腰的地方,再次是齐膝处。其中以和消费者视线平行的地方为商品摆放的最佳场所,根据消费调查,这类产品可以为经营者增加70%的销售额。所以,必须将一些毛利润较高的产品,放置在店里的C位,摆放在消费者最容易看到和拿到的地方。

有研究证明,人上下移动视线时产生的夹角为25°。所以,顾客离货架30厘米至50厘米的时候,货架一到五层的商品都能得到清楚展示。视线进行横向移动时产生的夹角是50°,如果此刻顾客距离货架只有30厘米至50厘米的话,则只能看到横向一米距离之内陈列的商品。因此,商品的横向陈列比纵向陈列更容易被消费者关注到。

货架上各类商品的摆放位置与分布大有乾坤,有上段、黄金段、中段、下段四大段位管理。最吸引顾客眼球的是黄金段和中段,这是零售商最看重的位置。

通常,将利润高的商品和自有品牌、独家代理商品、爆款产品摆放在黄金段和中段位置;而价格低廉或是进入衰退期的商品,多摆放在货架最下面;促销品和新品摆放在不固定的促销位置,并放上红牌或是蓝牌的温馨提示,提醒顾客关注,以提高销售额。

货架上横向摆放的商品

◆ 方便消费者拿取

零售店通常有宽阔的通道,但会以货架形成引导通道,借此挽留消费者,避免他们抄近道去收银台和超市出口。

货架上的商品多利用人们惯用右手的习惯陈列,即把着重宣传的产品放置于主购物通道或展示柜的右侧,方便顾客选取。当顾客路过时,他们的目光很容易被吸引,并随手拿起放进购物车。

通常来说,体型较大的产品一般放在超市入口附近,方便消费者使用手推车购买。

对于大型超市和卖场来说,扶梯的两旁也要充分利用,摆上小巧便于拿取的商品,方便顾客乘坐扶梯时随手购买。

◆ 挑逗顾客的味蕾

很多零售店都选择现场制作食物,无论是刚烘焙的面包,还是刚出炉的卤味,都能让顾客看到食物的新鲜,而且对现场制作环境和步骤一览无余,让顾客觉得干净卫生,所以放心购买。这是一种感觉营销,即便消费者并不饿,也会忍不住买上一点。

免费试吃更是让本来没有购买计划的顾客抵挡不住来自味蕾的诱惑,无法对美味的食物说不,由此增加商品销售额。

生鲜货品展示

◆ 巧置入口处产品

一般在靠近超市入口的地方，会放毛巾、拖鞋之类利润不高但周转迅速的快消品，这些产品大多五颜六色，容易吸引顾客。而烟酒等贵重商品则放置在超市的中间和后面位置。

站在消费者心理学角度，逛超市时顾客总觉得前面的商品一般，越往里面走东西越好，所以推着购物车，越往里走买得越多。

很多实体店都会在客流量较大的主通道，或者专门开辟出的一个空间，将某种单品或是两三种商品放在一起做量化堆放陈列。

以下几种商品适合做堆放陈列。

第一，清仓特价产品。

第二，买一送一商品。

第三，季节性商品。

第四，具有销售潜力的新品。

第五，节日性商品。

第六，正在媒体上做广告宣传的商品。

◆ 系列商品展示

系列商品一般竖向排列，每一格货架要陈列至少 3 个品种。如果是畅销品的陈列，可以少于 3 种。每平方米要陈列 11～12 个品种。

零售商广泛使用的陈列货架往往高 165 厘米至 250 厘米，长 90 厘米至 200 厘米，最佳的陈列段是上段和中段之间的段位，被称为"陈列黄金线"。

以 165 厘米的货架为例，黄金陈列线的高度在 85 厘米到 120 厘米之间，位于货架的第二层和第三层，是顾客最容易看到和拿到商品的位置。如果是系列商品的话，竖向陈列最吸睛，货架第二层和第三层的商品容易打造系列产品的爆款。

在系列货品的摆放方面，一般来说，货架的两端上侧最多只能陈列4种产品，且必须满足以下条件才符合上架条件。

第一，必须是相关的产品才能上架陈列，无关的商品不得展示在同一货架上。

第二，拥有同一个陈列主题。

第三，识别性高，即使离得很远，消费者也能轻松看到展示的商品信息。

第四，灵活性高。各个市场终端质量不同，形状各异。有的专柜位于拐角处，有些孤悬在外面，有些则在墙面。客观条件的限制，导致终端销售气氛的营造需要很高的灵活性，以充分适应终端卖场的各种形态。

第五，高度的统一性。线下零售要与线上传播密切合作，追求视觉统一，产品始终要展示在终端之内。

◆ 儿童商品摆放与展示

有这么一句流行语："谁的钱最好挣？儿童。"尤其放开三胎之后，父母都想把最好的给孩子，儿童产品市场份额逐年增大。

为了提高儿童产品的销售量，可以从以下几个方面来陈列。

照顾儿童身高的低空间商品展示

第一,精心设计和安排玩具和食品等儿童产品的陈列柜。

第二,精心在中央过道的显著位置"埋下宝藏",或者把儿童玩具和零食放置在自动扶梯的两侧。

第三,孩子一般由母亲和长辈女性携带逛街,所以也可以把儿童产品放在女性产品附近,这样还能带动女性用品销售量。

第四,儿童产品实体店可临近儿童游乐场,爆款商品可在店门口陈列展示。

第五,店内可设置游戏区,陈列摆放商品样品供儿童试用体验。

陈列的黄金数据

产品展示区域面积和销售额有着密切的关系，由于区域面积的变更，往往导致销售额发生巨大变化。

曾经有零售专家做过如下实验。

4个货位—2个货位，销售额下降接近一半；3个货位—1个货位，销售额下降了差不多七成；2个货位—4个货位，销售额则显著增长了40%。

要是把扩展网格加到标准货架上，像翅膀一样扩展出去，不但展示商品的数量得以增加，商品也能得到更好的展示，让消费者更直观地了解商品，从而使销售额奇迹般地增加180%。

3.5 品牌的视觉表达

西方学者提出"视觉锤"概念,意思是不能过分依赖文字的力量抢占商品在消费者心中的地位,而是要以视觉辅助和配合,有时候视觉的冲击甚至远胜于文字的描述。

在新零售时代,经营品牌的目的,就是让消费者记住品牌信息。那么,让消费者记住的最佳办法,就是充分运用独一无二的视觉表达,如用图片和文字结合的方式抢占消费者的记忆点,通过视觉锤打入消费者视野,造成情感的波动,最终实现转化。

在新零售中,我们不妨用语言对新零售品牌进行定位,并将浓缩品牌价值观的语言变成视觉符号,以此打动消费者,占据消费者记忆。下面,我们就来认识几种最容易被人记住的视觉表达。

3.5.1 简洁图形

视觉锤的关键在于构图的简洁,切勿拖泥带水。干脆利落的图案辅以独特的设计，隔得很远都能被人看到。越简单的图形越容易被识别和记忆，而这恰恰证明视觉表达的成功。保持图案设计与品牌理念一致，品牌和图形间的联系，就是品牌传递的价值观。比如每日优鲜的logo，好像是一个圆被咬缺了一块，这种独特中又不乏呆萌的设计，就被消费者很快记住了。

3.5.2 独有的颜色

一种独有的颜色，是品牌获得高辨识度的重要原因。很多成功的新零售品牌，都对这一点深信不疑。

在潜意识里反复锤炼之后，我们往往会对某种颜色背后的深意形成条件反射。看到特定的颜色，就会想起以之为代表颜色的品牌，形成对品牌的熟悉感和信赖度。

大块的纯色比小块的杂色更容易被记忆，视觉也更舒适。人们很容易记住纯色，却不容易记住杂色，新零售企业选取品牌设计色的时候要格外注意。比如便利蜂的logo，采用醒目时尚的橙色，就能瞬间点亮人的眼球。

3.5.3 具象化产品

为了让消费者熟悉新零售品牌，不妨用夸张办法塑造具象的产品。这样不但能满足消费者的使用需求，还能满足其精神需求。甚至通过对产品的选择，彰显自己的个性和品位。

新零售品牌如果巧用与众不同的设计，必然让零售布局更加独特，使商品更容易从同质化的市场里脱颖而出，被消费者看到和记忆。比如盒马鲜生作为新零售的新型超市，虽然主打生鲜零售，但同时融合了便利店、商超、电商和餐饮，同一家门店的不同区域里有不同的功能，这就是具象化的产品。

3.5.4 特色包装

受到现实条件的制约，产品本身很难有异质性。这时候，就需要用独特包装来彰显产品的个性，吸引消费者注意。

新零售也是零售，包装对销售格外重要。我们要在包装上凸显品牌，设计包装形状的时候，一方面要考虑到运输与陈列的需求，另一方面也要能够吸引消费者，在市场同类产品品质差不多的情况下，好的包装就拉开了和同行间的差距，获客变得更容易。这方面的典型例子是三只松鼠，三只松鼠产品以坚果为主，包装经过特殊设计，能保护坚果不破损，同时便于运输。原木色的包装，体现了环保的理念。包装上印着不同的坚果和果干，不用打开包装，人们也能对其内容一目了然。

3.5.5 动态表达

品牌的视觉表达上，有时候采取动态表达比颜色、图形之类的静态表达要更有效。动态表达要依靠电视广告之类的视频广告，直观的视觉感受比单纯的文字更容易让消费者理解，也可以囊括更多产品内容进去。如果能再加进去一些夸张元素，共同宣传产品的价值观，顾客的记忆无疑将更深刻。

新零售模式下的天猫小店曾经拍过一个小视频，从实体店主、供货商和消费者的角度，讲述天猫小店一天的流程。这样能引起消费者的好奇，让他们主动了解天猫小店，更深入地了解产品理念和价值。

3.5.6　名人代言

一个成功公司的创始人，无疑令人尊敬。消费者往往也会认为一个公司创始人的气质，就是产品的气质。创始人的经历和人格魅力也能为品牌文化增加吸引力。

通过对创始人的生平解读，可以为消费者展示品牌更深层的内涵。甚至可以说，创始人就是品牌最好的代言人。

值得注意的是，虽然创始人形象可以增加品牌视觉效果，但是创始人的一言一行也跟品牌形象息息相关。所以创始人要爱惜羽毛，公开场合的一言一行，都需深思熟虑。

品牌树立形象的时候，为了扩大影响，经常找名人进行代言。但是这种做法过于普遍，所以也需要仔细考虑。同样是名人代言，有的代言效果惊人，有的则翻不起太大水花。这是因为商业社会的消费者日趋理性和成熟，他们分得清名人的推荐哪些是发自内心，哪些是不可信的。

当红的小鲜肉明星们都有大量粉丝，粉丝会因为偶像代言产品而转化为消费者。虽然明星代言花费不菲，但收益也很可观。当然，新零售企业也可以匠心独运地选择微博博主发布广告和测评，以博主的专业度取信于消费者。

这里值得注意的是，明星虽然自带流量光环，但他们不是品牌核心推广者，有些甚至不了解自己代言的产品。而且明星一旦人设翻车，也会连累代言的产品，所以请明星代言还是有一定风险的。

3.5.7 常用符号的特殊化

符号能建立起产品含义和图像之间的联系，以至于消费者看到符号，就想到其品牌名称和含义。

比如耐克的符号，即便品牌名称并没有出现，但是只要符号出现，人们就立刻意识到这是耐克品牌。

3.5.8 动物人格化

现代人普遍喜欢呆萌的东西，把人格化的动物形象作为品牌标志，很容易拉近消费者和产品之间的距离，产生熟悉感。

很多新零售企业都会用拟人手法设计夸张的图形符号，将一些可爱的动物图像当成企业形象，或是把品牌吉祥物当作品牌标志。这种标志既阐述了企业精神内涵，也有较高的辨识度，容易突出产品和企业形象，传递品牌理念和品牌精神。比如腾讯的企鹅，天猫的黑色猫咪，以及京东的白色小狗，都是令人印象深刻的企业形象。

第 4 章

匠心独运：运营以人为本，攻心为上

新零售模式下的"线下"注重的是"体验"二字，体验是给予消费者的。基于电商运营中的经验，运营者们敏锐地察觉到了想要获得线下的成功，了解并满足新生代消费主力军们个性化的心理与消费需求至关重要。

　　在线下竞争激烈程度有增无减的今天，赢得消费者的青睐，以人为本才是实体店长久经营的生存之道。

4.1 科学选址，避免"水土不服"

如果让你负责一个新零售店面，你会将店面开设在什么地方？

同样采取新零售模式，为什么瑞幸能够脱颖而出，在中国一线城市与星巴克一较高下？为什么国内企业——便利蜂在进入中国市场已久的7-11、全时等便利店的挤压下仍有强大的生存空间及发展可能？

如果仔细思考，你会发现上述几个零售品牌的选址可谓大有讲究，选址逻辑在一定程度上有助于这些品牌的立足。

能否获得稳定的客流量，门店运营的产品适合怎样的消费人群，周边的商业发达程度能否带来增值，同类型店面的运营情况如何？这些都是你在为店面选址时需要着重考虑的方面。

实体店的选址需综合考虑多个方面才能为门店的精准运营提供支持。总结起来就是需要考虑以下五个主要方面。

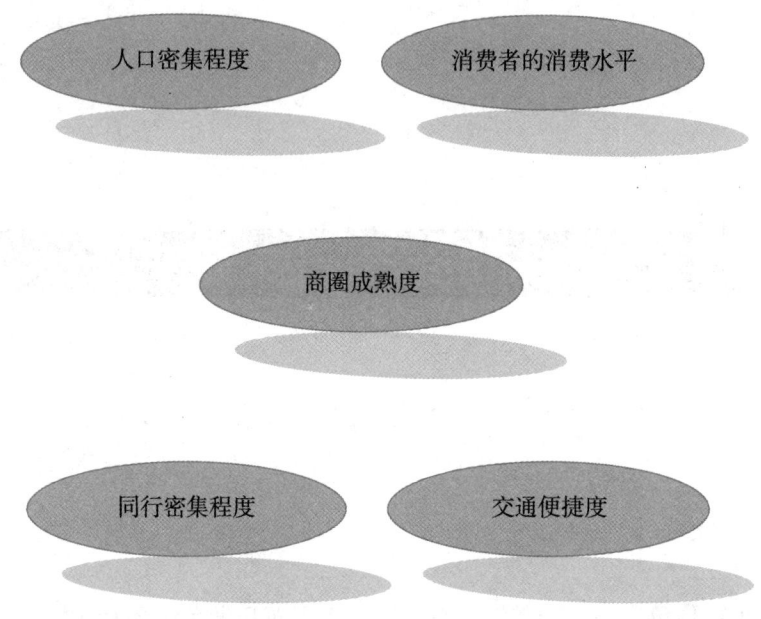

零售实体店科学选址需要考虑的因素

4.1.1 人口密集程度

人口密度高的地区通常都具备一定的消费能力，如社区附近。社区中各年龄层、各阶层居住者众多，因此无论实体店计划经营的是哪一类产品，都可能拥有一定的盈利空间。

人口密度高还意味着人流量的稳定，不会出现如公园附近因淡旺季而出现人流量变化的情况。人流的稳定能够让实体店的收益相对稳定。常见的人口密集程度高的地区除了社区附近以外，还有办公写字楼、学校、大型交通枢纽（如火车站、飞机场）附近区域。

此外，如果在这些区域落成实体店，实体店还可以根据区域生活时间的不同调整运营策略，提高运营效率，降低不必要的成本。如办公写字楼区域，因白领一族大多周一至周五工作，因此人流集中的时间可能是周一至周五的上下班及工作时间。此时，可以调整店铺的经营时间和人手，在客流集中时间段内保障及时到位的服务。

写字楼下的商务咖啡店

4.1.2 消费者的消费水平

新手开店，一般都会认为人口密度高就能够保证门店的客流量。但实际上，人流量与客流量是有很大区别的，并非人口越密集，生意就越兴隆。人流量大纵然是客流量的基础，但客流量的最终产生是以消费者的消费水平来确定的。

人流量 ≠ 客流量

消费水平的高低通常直接取决于消费者的收入多少，间接取决于消费者的综合素质。

举例来说，当奢侈品门店落户在平均消费水平较低的区域时，这片区域的消费者可能更多地会将消费集中在日常生活用品上，奢侈品门店可能就不会有较高的客流量。与之相反，如果是日用品或食品门店则可能获得更高的客流量。

高端消费商区（概念图）

当周围人群的消费水平能与实体店的运营产品相匹配时，才有可能激发消费者的购买欲望。因此，消费水平也是选址时需要考虑的重点。

4.1.3 商圈成熟度

商圈是指以目标门店为中心向各方向扩展一定距离，仍然具有一定的吸引流量的能力的区域。通俗地讲，也就是消费者所在的办公生活区域及其周边。

以落地的实体店为中心。通常，半径在 500 米以内为核心商圈；半径超过 500 米，低于 1000 米为次级商圈；超过 1000 米为边缘商圈。较大的商圈通常能够达到 2~3 千米，甚至更大范围。如北京 CBD，西起东大桥路，东至东四环，南起通惠河，北至朝阳北路，这之间的半径显然已超过 3 千米。

北京 CBD 景色

商业活动频繁的商圈一定是日进斗金之地，但在挑选商圈地段时，要考虑商圈内竞争的激烈程度，还要考虑销售成本是否能够负担得起商圈最繁华地段的租金。成本和人气能够达到平衡的地段才是实体店落地的最佳地段。例如，想在某一商圈内开设一家新型超市，商圈的中心位置拥有大量写字楼，而距离中心稍远的地区离生活小区较近。那么，选择距离中心位置稍远但距离小区更近的商圈地段既能节省成本，也能促进精准运营。

4.1.4 同行密集程度

纵然竞争过于激烈的商圈位置不适合再开设同类型的新店，但"同行密集客自来"的经商古训同样有其道理。

适当的同行密集意味着成熟的同行业服务与体验。从侧面可以认为，这一区域的消费者认可且经常光顾这里的门店。消费者的潜意识里已经形成了"如果想要购买这样东西，就要到这里来"的观念。

4.1.5 交通便捷度

当完成了人口密集度、消费水平、商圈及同行情况四个部分的调查研究后，一个大致的实体店位置可能已经基本确定。但对于实体店的运营者来说，此时还不能真正地放松，因为还有最后一个重要因素需要考虑，即交通便捷度。

第 4 章　匠心独运：运营以人为本，攻心为上

商场里同类品牌往往会集中在同一层且彼此相邻

四通八达车水马龙的商业街

交通便利才会让客流如活水一般源源不断。即使是在已经成熟的商圈中选址，交通便利也一定要在考虑范围内。例如，当一位住在商圈附近的白领周末为了招待一起看球赛的朋友，需要购买一箱饮料时，他一定不会去距离过远、需要频繁倒车或是停车难的地区购买，而距离近、车辆可直达、停车方便的区域才是他购物的首选。

4.2 注重橱窗展示，宣传无声胜有声

在新零售领域，实体店主打的就是"体验营销"，这是实体店存在的价值之一。让消费者受到感染，产生进店体验的冲动是最终能够产生购买行为的基础。好的橱窗展示，就能起到这样的作用。

实体店的橱窗应用起源已久，已经被广泛使用的橱窗在新零售模式的背景下必须玩出新创意，这样才能更加吸引消费者。

4.2.1 橱窗的装饰设计

在快节奏的今天，只做好店内柜台的装饰显然是远远不够的。流量大同样也意味着流速快，如何让消费者"停下来"是橱窗设计的重要议题。在业内曾流传这样一句话："让消费者的眼睛在店面橱窗前多停留 5 秒钟，你就获得了比竞争品牌多一倍的成交机会。"

对待橱窗的设计，要像对待自己的面孔一样认真。橱窗之于实体店来说就是脸面，橱窗美必然会赢来更多的关注。同时，橱窗又像是精致面容与丰

满内在的集合体。在美的基础上,如果能够将品牌的价值展示出来,无声地告诉消费者购买这件产品所能获得的好处,那么这些被橱窗吸引了目光的消费者就很有可能被转化为这一门店的客户。

实体店橱窗装饰设计的重点大致有以下几点。

◆ 简洁明快的背景

橱窗的主要作用是凸显门店的产品或服务,那么作为衬托的橱窗背景就要简洁大方,尽量减少过多的装饰布置。颜色方面,橱窗的背景以明快的单一颜色为宜,如亮蓝、纯白等。

服装的商业橱窗背景多为单一颜色

橱窗背景切忌用昏暗的冷色调，这样容易让人失去购买欲望。

除了一些视觉美感上的指导，实体店供应的产品或服务也可以指导橱窗背景的布置。背景的颜色当然要以能够突出产品主题最优。如某一实体店本月的主打产品为涂鸦风格，那么橱窗背景的颜色就不能过于丰富，以免喧宾夺主或是让观看的人感到眼花缭乱。

◆ 橱窗道具的应用

在应用道具前，首先要明确一点——橱窗中除了产品以外的其他事物都是陪衬。橱窗效果的好坏是以能够吸引多少驻足观看者并将这些观者转化为客户为标准的。

带有玩具的橱窗吸引了儿童的注意

对于橱窗道具的应用，主要是为了进一步加强产品在场景中的应用感。如商务、童真、休闲、科技、简约等应用场景。通过主题展现、氛围营造，可以吸引目标消费人群的关注。

举例来说，当实体店以童装为主要经营产品，而本月的主打产品是具有卡通风格的童装时，通过橱窗中模特、玩偶及其他陪衬的摆件营造出童话般的场景，更能让路过的宝爸宝妈和宝宝们多看几眼。

◆ 橱窗中的光影呈现

无论是科幻智能的未来感，还是夸张诙谐的喜剧感，抑或是空灵梦幻的童话感，都离不开光影效果的配合。

橱窗场景中的灯光应用塑造虚实效果

灯光除了照明的作用外，在橱窗设计中还具有突出重点的功能。通过使用顶灯、侧灯及不同颜色的灯光，能在橱窗中营造柔和、明亮等各种具有个性的光影环境。

光影环境的增强会提升路人驻足观看的可能性，也能够进一步提高场景的代入感。

4.2.2 新橱窗，数字科技在橱窗中的应用

新零售时代实体店的橱窗也要具备新零售时代的种种特征才能更具竞争力。

数字科技作为科技新秀正是新零售概念产生后被更多应用到实体店场景设计中的运营手段。

在数字科技庞大的分类中，能够简单有效地应用到橱窗中，且能具有良好的客户转化效果的两类手段是数字短视频以及大数据。

◆ 数字短视频

互联网的诞生加速了生活方式的转变，快节奏、碎片化时代的来临使人们对一件事物的专注时长从几小时降低到几分钟。原先的大段文字式的公告展板以及静态海报已经不能完全吸引消费者的目光，数字短视频的兴起为商业橱窗的创新带来了灵感。

短视频具有强大的重点浓缩能力、表达能力以及可观性，其吸睛能力不可估量。众多短视频平台的崛起、强大的流量导入已经无声地证明了这

一点。

通过橱窗中 LED 屏来播放短视频,使广告由静态转化为动态、由呆板转化为灵活。

在众多橱窗展示中,短视频技术与橱窗设计的结合带给现代消费者更多新鲜感,具有极强的转化能力。

女包品牌线下门店的数字橱窗

第4章 匠心独运：运营以人为本，攻心为上

◆ 大数据

大数据是新零售行业在提及的初始就反复论述的关键词。新零售巨头们有一个明确的共识，那就是数据是人类自己创造的能源，会在未来的世界里占据越来越高的地位，也能为使用它的人创造更多的价值。通过大数据分析，运营者可以轻易地分析出目标消费者的喜好、购买习惯。同时，运营者也能通过大数据很好地总结既往的销售情况，即哪些产品售卖得好，在什么条件下售卖得好。

此时，让我们来反向分析。大数据可以用来分析既往已经产生的消费数据，那么它能否用来刺激消费数据的产生呢？答案是肯定的。大数据橱窗媒体就是这样的存在。

大数据橱窗（媒体）可以根据大数据分析的结果在合适的时间自动播放合适的广告来吸引合适的人群。同时，也可以借由大数据橱窗媒体实时播放产品售卖的情况，以达到在消费者心中塑造"爆款"的作用。

虚拟三维技术在橱窗应用中的拓展

虚拟三维技术是指基于全景图像对现实场景进行虚拟投射的技术。通过使用相机对场景进行360°的拍摄，用拍摄出的多组照片形成全景图像，再通过计算机技术最终可以在电脑上还原成可互动观看的立体虚拟场景。这种场景技术应用最多的是地图软件，供使用者查看目的地周边的环境等，如今已拓

展至生活中的各个领域。

虚拟三维技术提供的立体效果对于某些类别的商业产品来说有着不可估量的吸睛效果，比如服装、箱包等。目前已有服装类品牌将虚拟三维技术应用到它们的橱窗当中。通过虚拟三维技术，结合电子显示屏、光点等技术，服装类品牌的商业橱窗可以达到让顾客直接看到着装效果的作用。目前，也有业界人士在探讨，如果使用录像而非照片的形式，结合最新的科学技术，是否可以虚拟出如真人模特走秀般的场景效果来进一步对商业橱窗的设计进行创新。

4.3 巧定价，以价导购

定价策略是市场营销中相当关键的一个部分，通常会被经营者视为盈利的重点。

那么，零售产品的价格究竟应该定多少可能是令许多经营者苦恼的地方。低了是否就真的无法获得利润？高了就一定没有人购买了吗？带着这样的疑问，经营者常在产品定价上犹犹豫豫、左右摇摆。

实际上，只要策略选得对，无论是低价还是高价，都能够获得收益。

4.3.1 3内5外，影响定价的因素

影响定价的因素可以分为企业内部因素与外部因素两大部分。

影响定价的内部因素包括企业的营销目标、营销手段与价格策略以及产品本身的成本。

影响定价的外部因素则指当前产品在大品类上的市场结构、市场产品价

格弹性、竞争对手的产品价格、国家是否有价格方面的规定以及其他外部环境因素（如可能受自然环境影响的产品）。

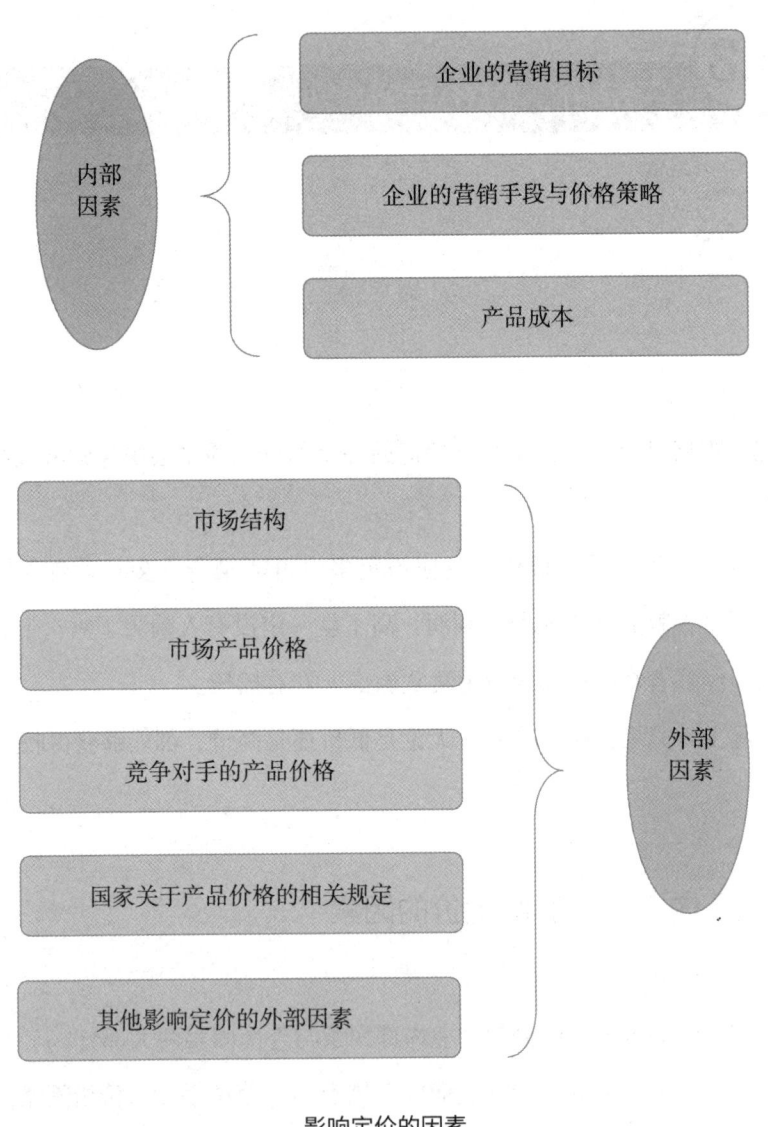

影响定价的因素

实际上，定价也可以被看作是一种最优资源组合在价格上的显现。只有在各种因素对价格的影响匹配合理的情况下，价格才能达到最优。这个"最优"的概念如果用相对通俗的语言来解释便是"价格便宜要让消费者清晰地感受到，而价格高又要尽量让消费者察觉不出来"。

要考虑到上述八种因素对定价的影响，并对这些要素进行匹配，制定出合理的价位，可能会得出数十种组合方式，而对于经营新手来说可能就过于复杂了。那么，是否有更为简单的定价之法呢？当然是有的，已经有前人为我们总结出了在特定阶段可以考虑的定价策略。

4.3.2 三大定价策略，助力实体店定价

纵然成熟的定价策略很多，但是在对策略进行选择时仍然需要考虑自身实体店的经营状况，比如开业的时间、产品的种类、价值的高低等。以下给出适用于实体店的三种常用定价策略，以便更好地指导实体店的产品营销。

◆ 打响市场——渗透定价策略

渗透定价策略是产品进入市场的初期适用的定价策略，也就是实体店刚开业的阶段，可以将价格定在较低的水平，尽可能吸引最多的消费者。注意，此处的价格较低不能与绝对的低价画上等号，只是对于产品本身的价值来说，价格暂时不能完全匹配价值，以期获得销售量与市场占有率的双丰收。

◆ 巩固客群——层级定价策略

渗透定价并非长期定价策略。当产品迅速占领市场后，经营者便需要开始考虑如何巧定价、促回购、留客群了。层级定价策略不可否认是这一时期较好的一种定价策略。

层级定价策略是将一件产品的价格分为多个层次，如非会员价与会员价。会员价也可以再细分为铜卡、银卡、金卡、钻石卡等。如今的很多实体店都在使用这样的策略，不仅留住了老顾客，也通过层次不同的价格拉来了新顾客。想一想，你是否也曾经因为非会员与会员价格的不同而办理了某家实体店的会员呢？

◆ 小数点的学问——尾数定价策略

"9.9元与10元"，看到这两个价格数字，你是否觉得十分熟悉？如果是同类价值相等的产品，你是否会更想购买9.9元的产品呢？这就是尾数定价策略的魅力。

尾数定价策略是实体店产品定价中十分常见且行之有效的策略。这实际上就是应用了消费者的"便宜"心理。

与整数临近的、带有小数点的价格，会让消费者觉得这件产品更便宜。但实际上对于经营者来说不算降价。这种定价策略的优势在现今的零售行业中已是不言而喻，无论是家乐福这样的大型超市，还是无印良品这样的日用品牌店都会看到大量尾数定价的产品。

尽管成熟的定价策略能够直接应用在实体店的产品定价上，但是对于成熟的经营者来说，如果能够更多地对影响定价的八大因素进行学习和考察，则更有利于得出最适用于自身产品的定价，从而使产品的收益最大化。

4.4 为消费者画像，了解消费者心理

当产品的开发者想要开发一款新的产品时，他首先要做的就是为产品未来的用户画像。

用户画像能够在很大程度上让开发者抛开个人的喜好，而将全部的精力聚焦在目标用户的行为和动机上。

4.4.1 科学画像，筛选标签，精准识别目标客户

对产品的消费者进行消费者画像，就是用户画像在消费者定位上的应用。了解消费者的社会属性、生活习惯、消费需求以及产生消费行为的环境与时间节点，最后生成去个性化的各类消费者标签，就可以完整地识别出自己产品的目标消费者到底具有怎样的特征。

目标消费者特征的识别为实体店运营带来的最大好处就是能够让企业做到"精准营销"。

为消费者画像,具体步骤如下。

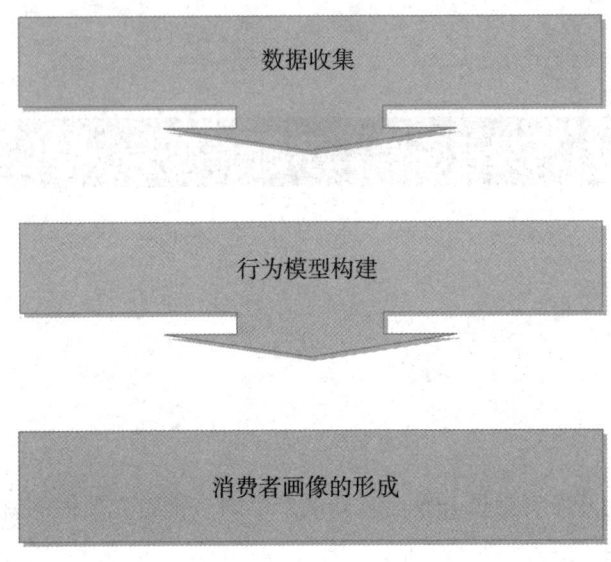

为消费者画像的基本步骤

◆ 数据收集

为消费者画像的基础是庞大的数据支撑。互联网时代,想要通过互联网进行数据收集是轻而易举的事情,难的是如何将数据收集全面。此时,运营者应当考虑包括但不限于"社会属性""线上浏览行为""线上购物交易数据""线下浏览行为""线下购物交易数据"等方面的数据类型,获得更为全面的数据结果。

以坚果品牌三只松鼠为例。三只松鼠为了更好地销售坚果系列产品,积极采集和分析消费者数据信息,以对自己的品牌、产品以及消费者定位做出合理规划。消费者的年龄段、性别、工作性质和口味喜好等数据信息,为三只松鼠的产品定位、消费者定位均提供了足够的数据支撑。

◆ 行为模型构建

当收集了足够多的数据后,运营者就可以对数据进行整合。刚收集来的数据可能是杂乱的,很难直接整合出一副完整的消费者画像。此时可以先从数据的不同方面着手,先形成一定的行为模型。

以服装产品为例,可以对数据中经常购买该类产品的消费者"体型"数据进行整合,形成体型模型。根据消费者购买服装的风格又可以形成服装风格模型。

如果是电子产品,则可以形成功能模型,来了解目标消费者看重产品的哪些功能才产生了购买行为。

◆ 消费者画像的形成

当通过对数据的整合形成了许多不同方向的行为模型后,就可以对这些行为模型进行深化,将消费者的社会属性(如所在地区、年龄、家庭情况)、消费行为、消费习惯等数据进行相互间的匹配,形成大致的标签。

例如咖啡产品的消费者画像中可能就会有生活工作于一线城市的白领,如果是运营精品咖啡的运营者,为消费者画像时可能还会得出"一线城市的白领阶层中,职位较高的人群会更多选择饮用精品咖啡"。

当然,上述案例只是列举了某一产品的其中一个方面的画像结果,根据产品的不同,还可以进行更深入的数据挖掘。

4.4.2 消费者心理与购买行为

为消费者画像，了解他们的心理与购买行为，最终的目标是要促成精准营销，减少无效的推广或促销成本，为目标消费群体提供更多的服务，通常比漫无目的的运营更有可能利润。

消费者心理是指消费者购买商品时产生的对商品的认识、情绪的波动，以及整个过程中的心理表现。

在进行消费者画像时能够了解到的"消费习惯""浏览行为"等信息通常也是消费者心理在现实行为中的体现。

了解消费者心理，是了解影响消费者购买行为的因素的主要途径之一。动机、感觉与认知以及情感态度等方面的心理因素通常决定消费者是否购买某一件产品。

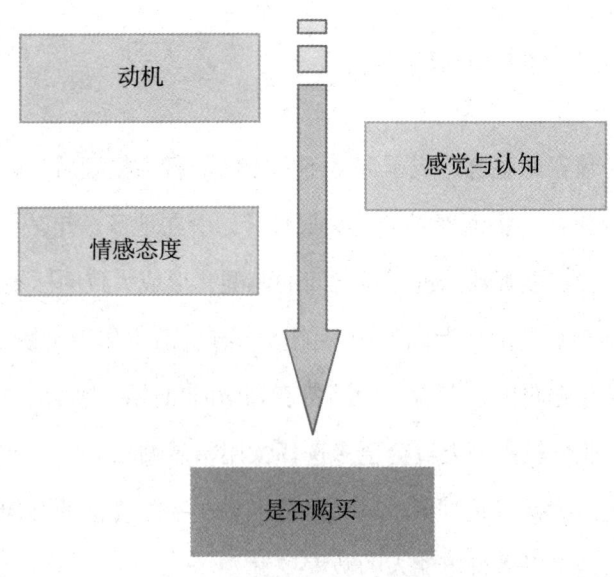

影响消费者购买行为的因素

◆ 动机

消费者的消费动机能够最终促成他们的购买行为。

消费动机以个人因素为主要推动力,如学习、理解的需要,家庭的影响,喜好与社交圈等。动机的强烈程度会影响购买行为发生的时间以及频率。借由运营中的刺激策略可以将消费者的消费动机激发出来。

◆ 感觉与认知

感觉与认知对于消费者的购买行为具有引导作用。如果两位消费者具备同样的动机,在感觉与认知上的不同会使他们最终选择两种截然不同的产品。这就是为什么一些产品选择更多地靠视觉或潜在意识上的特征(如环保、高效等)来吸引消费者,而另一部分产品则依靠知识输出来赢得消费者青睐。

◆ 情感态度

许多国际知名品牌可能是很多人都耳熟能详的,如运动服装的安踏、361°;电子产品的华为、苹果;日用产品的宝洁、联合利华。

当消费者想要购买相关类型的产品时,可能会优先考虑这些品牌,这与企业的形象塑造是分不开的。

实体店的门店形象优劣决定了老顾客和新顾客的态度。顾客们如果对门店整体以及内部服务的印象良好,就会继续产生购买行为,也就是回购。影响回购行为产生的主要因素正是态度。当然,想要拥有良好的形象以留住顾客,从提升自己产品的质量与服务着手总是没有错的。

 **顾客至上,优化购物体验**

实体店注重的是体验,这一点需要再三强调。顾客产生购买行为的前提是在店内获得了良好的购物体验。

物质与精神的双重满足是良好购物体验的核心,实体店要想吸引更多客源,就必须在为客户提供优质购物体验上下功夫。

4.5.1 体验经济到来,消费者愿意为体验买单

流量为王,这一说法不仅适用于互联网,同样也适用于实体店的运营。对于主打"体验"的新零售实体店来说,"体验"的优劣就预示着流量的大小。提升体验服务,以顾客流量指标代替利润指标,是实体店赢得竞争胜利的方法之一。

互联网经济时代已经改变了企业(Business)与消费者(Customer)之间的关系,从原来的 B2C 转变为如今的 C2B。C2B 是指以消费者为中心,产

品的销售要以消费者为基础。随着人们生活条件的改善，生存和温饱不再是问题，人们开始追求更舒适的生活体验。于是，从生存购买到体验购买的转变开始了。

体验经济是一种场景经济，电商无法为消费者带来实际体验，实体店则是场景经济最好的载体，追求消费体验的消费者选择实体店进行购物的可能性就会提升。

4.5.2 体验式营销

作为一种全新的营销方式，体验式营销建立在体验经济的基础上。通过对消费者感官、情感、思考、行动以及关联五个方面进行定义与设计，考虑消费者进行消费时理性与感性的双重因素，从而为消费者提供消费前、中、后期的一站式体验。

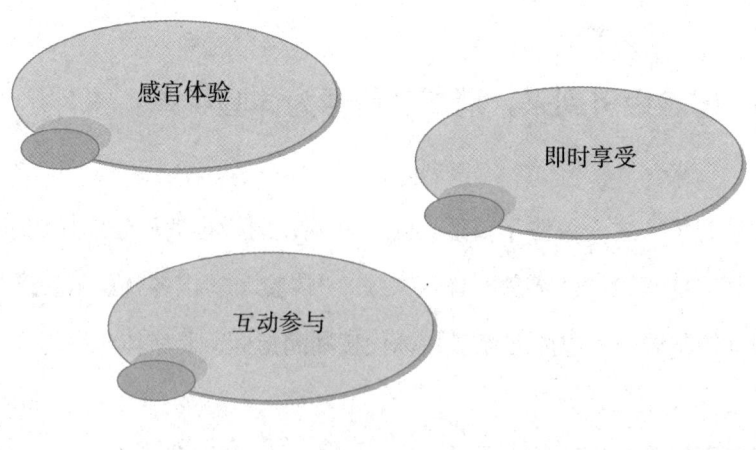

塑造体验式营销

线下新零售实体店的成交转化率远高于电商的关键因素正是在于体验式营销的极佳表现。塑造体验式营销，主要从以下几方面着手。

◆ 感官体验

视觉、听觉、触觉、味觉和嗅觉，是体验式营销的基础。通过对店内环境的布置及产品的包装营造具备独特风格的感官刺激来吸引消费者，加强他们的感官体验，是使消费者转化为忠实客户的第一步。

◆ 即时享受

线上购物产生便捷的同时，最大的弊端是无法即时入手产品，消费者需要等待物流配送，在此过程中消费者可能已经失去了体验感。而实体店的消费体验几乎没有这种弊端，消费者的消费是即时的，在门店购买便能即时享受到产品和服务。保障这种即时性，是实体店赢得市场的重要条件。如果实体店再能优先于电商引进最新的产品，还将可能产生引爆门店消费热潮的奇效。

◆ 互动参与

互动参与解决的是消费体验中的场景设计与情感联系两大问题。

从场景着手，让消费者在实体店环境中能够自主选择，不用被迫接收来自四面八方的信息会让消费者感到舒适，从而增强购买的欲望。

比如目前市场中的咖啡工坊，让消费者从咖啡豆的拼配开始就自己着手制作咖啡，增强消费者与产品之间的情感联系，那么最终促成交易的可能性就能大幅提升。

日本杂货品牌无印良品在海内外均有可观的门店收益，这其中当然有强大的线上产品调配以及物流支撑的作用。但无印良品门店中的场景塑造同样十分强大。通过将合适的产品布局在合适的场景中（如床上用品区会布局为卧室的场景）可以增强沉浸感，增强消费者与产品的情感联系。此外，无印良品还会将主副产品布局到同一位置（如香薰加湿器与香薰精油），既引导了消费者的购买决定，又提升了消费者自主选择的体验，可谓是一举两得。

体验式营销的典范——运动体验中心

运动品牌一直以来都走在市场潮流的前沿，成功的沉浸式体验营销是运动潮牌们的经典运营策略之一。

一些运动潮牌的体验中心采用简洁大方的装饰布局，结合高科技的体验功能，让人一走进实体门店便仿佛进入了运动社区，而非一家普通的商店。

拥有电脑数字互动平台能够让顾客浏览产品，这对于运动潮牌体验店来说已经是小儿科。

通常，运动体验中心不仅配备了能够与户外场景进行互动的跑步机与大屏幕，有的实体店还匹配了约有半个篮球场大小的体验区，并结合屏幕虚拟出篮球场的现实场景，让人身临其境，瞬间激活运动欲望。

　　此外，一些运动潮牌的体验中心里还匹配了个性化的定制中心，并安排产品专家与具有独特需求的顾客进行一对一的沟通。顾客不仅可以试穿店内展示的运动鞋，充分地感受鞋子的舒适度，还可以根据自身需求选购自己的专属装备。

4.6 完善售后

售后就是维修和退换货服务吗？也许曾经是，但对于当前环境下的商业竞争者们（无论是线上还是线下）来说，仅仅提供维修和退换货服务只是做到了售后的基础而已。

线下看重消费体验，更是要通过完善售后来提升顾客的满意度。

4.6.1 以O2O运营模式提升售后服务质量

Online to Offline，即O2O，指线上与线下的结合，形成一种相互配合的商业新模式。

新零售模式中的关键点之一也是O2O的运营模式，线上为线下提供产品支持，线下为线上导流提供体验支持，而实体店的运营从产品生产开始到提供售后是一条完整的链条。既然产品的售卖可以通过O2O提高效率，那么售后自然也能通过O2O提升服务质量。

如今的消费者仍然没有对实体店的售后产生100%的信任。如果使用搜索引擎搜索"实体店售后",可能会看到诸如"实体店关了,售后怎么解决"以及"线上和实体店的售后服务哪个更好"这样的问题。这既是实体店面临的挑战,又是实体店拥有的机会。

提供优质的售后,零售实体店应重点关注以下三点。

首先,重视线上线下相结合。既能够为前往实体店的顾客提供即时的售后服务,也能够支持不能前往线下门店的顾客进行线上售后的申请,通过线上售后系统为这类顾客提供上门或是物流维修服务。

其次,简化售后服务流程。不能让顾客在售后环节上浪费过多的时间。

最后,人工售后至关重要。尽管如今的人工智能已在突飞猛进地发展,但对于售后来说,无论是线上还是线下,人工座席仍然不可或缺。对于这一点,用自身的消费经历就可以理解:想想自己既往的售后经历,机器人售后并不总能带给你最好的售后体验,甚至有时还会惹你生气。

4.6.2 巧用工具,主动跟进,提高用户黏性

在售卖产品时,运营者可以通过承诺增值服务或给予附加产品来促成交易。那么售后服务同样可以为消费者提供增值服务,并通过增值服务收获回头客。

与顾客保持联系,主动跟进使用感受,善于利用互联网环境下的各类社交软件是售后提供增值服务的最佳方式之一。尝试去关注顾客关于产品或是与产品有关的环境、竞品等方面的评价,在顾客还没有找上你之前,主动帮助顾客解决问题。或是通过情感关怀的方式为顾客提供精神上的支持与陪伴

也是不错的提升黏性的方法。通过这种方法，将原本的被动提供服务转化为主动解决问题，这对顾客满意度的提升将是显而易见的。

除了解决问题、消除疑惑的作用外，善用社交工具的售后人员的另一个重要作用是可以针对顾客建立有效的沟通与反馈机制。

一个随时随地能够被找到的售后服务人员，比起要经过多层的申请才有资格"被联系"的服务渠道更能赢得顾客的好感。顾客所担心的诸如"实体店关了，售后怎么解决"之类的问题也就迎刃而解了。

通过社交软件连接起每一位顾客

第 5 章

双管齐下：线下与线上整合运营

新零售实体店的运营中，线上运营是不可忽略的一环。

在互联网环境下，实体店如果忽视线上的配合，只专注线下实体店的运营是万万不可的。

线上运营不单单是指产品的售卖，更是指活动的配合以及工具的使用。双管齐下，线下＋线上的O2O整合运营可以达到 $1+1>2$ 的效果。

5.1 线上促销攻略

电商在促销时,通过发放优惠券,提供预订(预售)、团购、包邮等服务吸引消费者,各种购物节、聚划算活动也层出不穷,促销方式花样百出。这些多样化的电商促销能为线下实体店促销提供哪些促销思路与灵感呢?

从线下到线上的高效商业模式

传统零售店的线下促销多是拉横幅、发海报等进行宣传，随着市场日新月异的变化，这样的促销方式显得落入俗套且单一。新零售实体店融合线上促销又能玩出哪些新花样呢？

5.1.1 折扣的诱惑

在线上购物产生之前，我们都是实体店的顾客，当你看到"今日跳楼价大甩卖""价格直降30%，仅此一天"等促销标语时，你会不会心动想进去看一看呢？这就是促销的诱惑。

线上折扣促销优惠券展示

新零售实体店，打折促销仍然要做，但不是放在线下，而是放在线上。通过互联网平台宣传是目前实体店做线上折扣宣传的有效方式。

例如，可以通过大多数消费者都常用的微信、微博等平台创建实体店的线上宣传渠道，定期公布折扣信息等。

此外，经营者还需要打通线上的支付渠道，将折扣直接编入支付系统当中，方便顾客在消费结算时能够直接获得折扣的优惠，这样不仅可以提升折扣信息的宣传力度，还能让顾客迅速地享受到优惠。如京东的线下生鲜超市7FRESH，正是线上促销折扣、物流及时调配与线下产品供应相结合。你可能很难在它的实体店里见到折扣促销力度很大的优惠券或直接降价的标语，但你总能在它的线上门店获得实惠。

5.1.2　商品组合促销，既清货又获利

商品组合促销是指将两种或两种以上的主副产品打包统一售卖的促销方式。线上促销中，这种方法既可以很快将库存多的某些配套副产品售出，又能获得主产品＋副产品的双重利润，同时还能提升在线上购物的顾客的满意度，可谓一举三得。例如，电商平台的服装品牌会将上衣和下装组合出售。而电子产品则通常会把主产品和一些零配件组合出售，如手机与充电器、耳机等配件。

实体店进行商品组合促销，需要注意一些细节才能真正达到既清货又获利的效果。

首先，一定要对促销中的产品多进行调研，看哪些产品之间具有从属或依存关系，适合这种促销方式。如果将电子产品和生鲜产品进行组合促销，

即使生鲜产品是赠送，可能也达不到很好的促销效果。而如果是与零配件组合促销，即使消费者会花上两份产品的价钱，但这份组合产品节省了他们挑选配件的时间，而且能够保障质量，消费者通常也能欣然接受。

其次，产品对应的消费者消费水平也是组合促销中需要关注的重要因素。通过对消费者消费水平的调研，可以制定出低低组合、高高组合或是高低组合的相关促销产品来对应不同消费水平的消费人群，保证在每个消费水平上都能获利。这里的高、低指的是高档产品与低档产品。

美妆产品常和美妆工具、护肤产品搭配出售

5.1.3 预订促销，饥饿营销的可观收益

你有没有喜欢的手机品牌？你是不是也会到这一品牌手机实体店门前

排队购买第一批新出的产品？即使没有亲身经历过，可能你也或多或少听过或看过排队的盛况。线上预订的促销方法如果运用得当也能出现这样的盛况。

消费者在实体店体验使用和购买手机

预订的促销方式能够带来可观的客流量和利润收益。如今，诸多经营者都敏锐地察觉到了预订所能带来的饥饿营销的效果。

预订促销之所以能得到可观的收益，主要还是它稳稳地把握住了稀缺原则，这是消费者不可避免的一种心理。越是难得的越珍贵，价值也就越高，就越会有人心心念念地想优先得到。

预订促销可以设置限额，如可预订量仅有1000件，且每人限购1件。这都是基于"稀缺原则"下的预订促销策略，通过预订促销营造一种产品"供不应求"的现象，从而吸引更多消费者关注与购买。

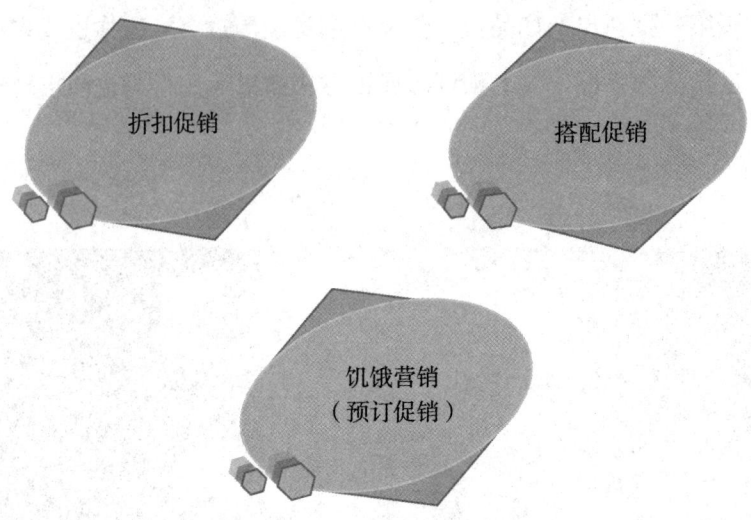

多种促销方式组合提升促销效果

5.2 实体店如何玩转社群营销

社群是什么？用通俗的语言来讲就是把一群志趣相投或是目标一致的人聚集在一起，通过互联网平台进行联系的群组。

现在最普遍的社群就是微信群、QQ群和微博群。其中微信群又占据了目前社群的半壁江山。

社群营销是基于"社群"原有的性质增加情感、产品价值或是资源上的连接，让社群中的成员感到某种产品或服务对他们有用，从而促成交易、获得变现的方式。

如今，社群营销深受欢迎，也被看作是一种相当有效的营销方式，这主要在于它具有费用低、效率高、精准度高、传播快、实效久、针对性强等几大优势。

社群营销是零售实体店的线上运营策略中不可缺少的重要一环。

5.2.1　一定要做社群营销的三大理由

◆ 门店间相互竞争，做好社群提升竞争软实力

尽管选择了新零售模式来经营实体店已经走在了传统零售实体店的前面，但各类层出不穷的精品门店仍然会给你带来不小的压力。

互联网时代，和新老顾客成为"网友"，可以抵挡住门店间竞争可能产生的顾客流失，提升实体店的软实力。在竞争环境下，社群营销必不可少。

◆ 线下门店客流量低，通过社群获得稳定提升

在获得粉丝这件事上，社交 App 有足够的发言权。对于希望获得稳固的老顾客基础，同时又想赢得可观的新顾客流量的实体店来说，社群不失为巩固老粉、吸收新粉的最佳方式。无论消费者加入社群是否立即产生消费，他都会变成潜力股，随时有可能在未来成为忠实顾客。

◆ 实体店成交量低，不妨尝试挖掘社群"变现"潜力

如今的微信社交圈流传着一句话：朋友圈已经是微商的天下。这么说也许过于夸张了，但至少说明了微商是一种可利用的销售渠道，并且能够获得比较可观的收入。

作为实体店的经营者，如果能通过运营社群的方式将一部分产品转移到线上出售，增强社群的变现能力，就可以获得线下与线上的双重收益。

社群营销,"以一传百"快传播

5.2.2 社群营销怎么做

竞争、客流与变现能力是一定要做社群营销的三大理由。这三大理由也直接影响着实体店的利润。那么,社群营销究竟应该怎么做才能做得好、收益高呢?

情感是有重量的,回归社交的本质是做好社群营销的基础。人类社交的需求包括观念的交流、价值的分享、利益的交换等,而这些社交行为的产生又受到社会规则、心理需要等客观因素的影响。社群营销要巧用理论,结合实际,才能做好社群,转化变现。

◆ 做好定位，社群以顾客需求为基础

社群是顾客与产品之间的纽带。想要做好社群定位，顾客需求是基础。那么，如何才能做好需求确认呢？你需要关注以下两个方面。

社交需求

消费者进入社群，最需要得到解决的一定是他的社交需求。无论是对于喜好的交流还是名誉的满足都是一种社交需求的体现。社群要在合理的条件下给予顾客社交的自由空间。

价值需求

消费者对社群的价值需求表现在两个方面——商品价值以及无形价值。商品价值是指货真价实的商品能否让消费者感受到物美价廉。无形价值则是那些能够潜移默化影响到消费者的价值观。

◆ 双向互动，给予顾客参与感

仅仅是单方面的输出已经不能满足如今消费者的消费需求。消费者主导的市场下，消费者要求更多的话语权、参与度以及成就感。在社群运营中，就需要着重双向的互动，将主动权交给消费者。

消费者越具有充分的主动权，其对品牌或产品的认可度就会越高，因为他们能够时刻接触并对品牌或产品的某些方面甚至是更新换代发表意见。一旦消费者认为品牌或产品的某一方面与自己的参与有关，通常就会迸发出较为强烈的购买欲望或主动推广的欲望。

促进互动的方法可以是在定向输出内容的同时，抛出议题促进群员间的相互交流，或是邀请大 V 举办讲座引发讨论，还可以定期举办活动来提升群员的参与度。

◆ 巧借工具，拓宽影响渠道

碎片化时代，消费者的专注时长由按分计时降低到了按秒计时，几秒钟的时间里就可能实现消费者向忠实顾客的转化，也可能流失消费者。只有利用不同平台的表现形式制作成以消费者需求为基础的稳准快的传播内容，才可能收获快速裂变的效果。

方便易操作的小程序，随时转发的短视频，互动性强的 H5 等工具都是将关键信息快速裂变到朋友圈、其他社群及平台的不二之选。

以微信小程序为例，微信生态是一个圈子，不仅有私信对聊窗口、微信社群窗口，还有公众号、朋友圈以及可以用来便捷支付的微信支付。目前，微信小程序已然成熟。

通过微信小程序可以将整个微信生态圈打通，无论是搭载产品属性特征查询的平台，还是直接搭建可供支付的线上商店，顾客都能得到非常及时的消费体验。顾客还可以将小程序中的内容随时转发给他们的朋友，或是转发到朋友圈中，这不仅实现了产品的销售，还实现了渠道的裂变。此处你还可以链接线下的商城，就好比 Tims 咖啡的线上支付小程序，可以线上支付，在线下门店饮用。

◆ 传播价值，增强情感认同

互联网时代，社交是频繁的、多层次的，但在深度上却是匮乏的。人们可能会频繁地与他人交流，但不会见面，也很难产生信任。社群营销的核心在于社交，赢得社交的深度才能赢得顾客。

让客户产生信任感的不是未经体验的产品性能，而是看不见摸不着的深层价值。以产品价值为基础，定期输出具备该价值的干货、行业信息、趣味性文章，让价值在潜移默化之中影响群员对产品或品牌价值的认识，提升情感认同。

对于社群营销来说，软性输出要好过硬性输出。

以时间管理工具为例，比如输出"该工具能记录每日工作事项，按轻重缓急分类""使用该工具就能每天为顾客节省超过 3 小时的时间，大幅提升时间管理效率"等信息，效果就会更好。

◆ 转化变现，交易促成

著名广告学家 E.S. 刘易斯在其提出的关于消费者行为领域的 AIDMA 模型中分析：消费者从接触信息到产生购买行为，会经历引起注意、引起兴趣、留下记忆、唤起欲望、购买这五个阶段。

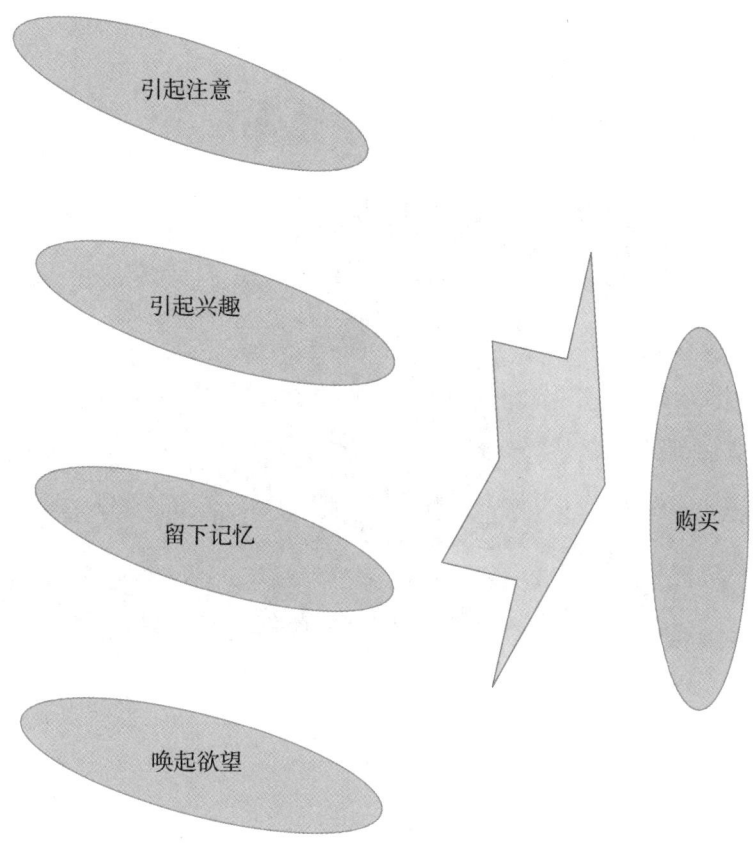

消费者从接触信息到产生购买行为的阶段

社群需要做的就是利用消费者从接触信息到产生购买欲望的前四个阶段，最终促成第五个阶段（购买）的发生。

通过价值的倡导以及与群员之间情感上的互动联系，提升群员对品牌或产品的认可度，潜移默化地将群员转变为消费者，并确保这些消费者能够保持长时间的忠诚度，以及对产品持观望态度的群员能够转化为消费者是这一环节中的重要任务。而确保消费者的忠诚度则是为了提升消费者复购和推荐给周围其他人的可能性。

扫码支付变现

社群营销与社交营销的区别

从本质上讲,社群营销与社交营销都是利用"社交"拉近关系,"成交"促成收益的熟人经济,但社群营销仍然与社交营销有一定的区别,在日常的社群营销中要明确区别,分清主次。

首先是目标主体不同。社交营销的目标主体范围较大,涉及不同层次不同属性的消费者,目标是将大量的流量导入相应的平台，依靠平台进行营销转化。而社群营销则目标更集中于某一类消费群体，可以说是从大流量中获取小流量。因此，社群营销要更聚集。

其次是营销手法不同。社交营销以获得大量的流量为目标，因此常会采用低价策略来吸引消费者。而社群营销不同，社群营销重视的是黏性和裂变，流量可以不多，但一定要留得住。因此，社群营销通常要更重视内容与服务，玩法要更多样才能达到效果。

最后是营销效果不同。营销手法不同，营销效果自然也不同。比起社交营销，社群营销具有相对持久的活力。社交营销通常是一次性获取流量，黏性较差，转化不可控。而社群营销则属于细水长流，一旦入群，消费者黏性比社交营销中的消费者黏性更强。社群营销还可以通过群员的自主传播提升裂变能力，有效地提升转化率与复购率。

5.3 构筑线下商圈

如今的线下门店想要脱离周边的环境而独立生存,可能性几乎为零。如果说线上通道给予了线下实体店继续生存的空间,那么线下的联合就给予了实体店长久生存的可能。

构建线下商圈就是要建立线下的联合,是跨界融合还是异业联盟?值得深思。

5.3.1 跨界融合,告别单一走向多元

在一家金属风装饰的咖啡店里,陈列着一排颇具朋克风格的服装,明码标价在售。在一间书香气息浓厚的书店中,有一个独立的空间,提供茶和点心,顾客可以拿着他们心仪的书籍,要一份下午茶,在这里静心阅读。

这样的场景在如今的线下购物场所中层出不穷。经营者不再以独立的产品作为卖点,因为如今社会的中流砥柱们追求更高的生活体验,物美价廉的宣传语已经不能吸引他们的注意。所以,经营者们想到了"跨界"这

条出路。

说起跨界融合，不得不提到风生水起的星巴克。早在 1994 年，星巴克就将咖啡杯与城市社会的概念相融合，诞生了至今仍在更新的城市限定咖啡杯系列周边产品。而后星巴克又先后与著名时尚品牌、美妆品牌、休闲箱包品牌等联合出品了带有星巴克标志的包括咖啡杯、背包、项链等在内的一系列跨界产品。这些产品无论在星巴克的门店内还是在合作品牌的门店内都产生了不错的销售成果，当然也带来了可观的收益。

主题口杯系列

实体店跨界融合的本质是从单一的产品售卖模式向多元的产品及服务供应模式转化。原本消费者要走入两三间门店甚至是更多才能购买或体验到的产品与服务，如今只在一家店中就能全部享受到，既节省时间，又提升满意度。

在跨界融合的过程中,找到自身产品或资源与其他产品或资源相关的特性尤为重要,其他资源与主体资源相互匹配才能达到最佳的效果。这种相匹配的特性不一定浮于表面,有些还需要深入挖掘。如近几年一些中国传统文化相关的品牌与游戏品牌融合,玩家在进行游戏、休闲放松的同时也学习到了传统文化知识,产生了寓教于乐的良好效果。一方面让用户更好地认识世界,另一方面供用户休闲娱乐,缓解压力,使文化教育与游戏放松这两类曾经背道而驰的领域跨界融合,令人耳目一新。

跨界融合中除了主体不能改变,并且要找到融合点外,还需要注意融合后产生的产品和服务能够切实为消费者提供便利及良好的体验。例如,消费者进入书店是为了享受静谧舒缓的读书时光,如果选择与运动品牌合作,融合的效果恐怕只会有减无增。

提供图书阅览及购买服务的慢咖啡概念

5.3.2 异业联盟，从单打独斗到抱团取暖

线下实体店不仅要面对激烈的竞争，租赁成本、人工成本、推广成本的居高不下也使其举步维艰，打破这种困境的方法还有一种——异业联盟。

在一个大型的购物中心，有服装品牌的门店就一定会有鞋帽品牌的门店，与之匹配的可能还有首饰箱包门店。只要是有客流的商场一定会有快餐门店，那么在快餐门店的旁边就会有饮品店，这就是异业联盟的一种表现形式。

伴随着互联网的发展、信息化进程的提速，实体店很难脱离周边环境独立运营，与周边种类各异的门店之间的关系逐渐紧密。这种紧密带来的优势就是线下实体店不再孤军作战，而是能够抱团取暖了。大小商家之间做到你中有我，我中有你，极大地提升了各自门店的影响力。例如，消费者走进理发店，可能会收到按摩店的优惠券、美妆店的试用装。这为联盟中的其他门店带去了真实可观的引流效果。

异业联盟实现的是商家与商家、商家与顾客之间的双赢。商家与商家之间的联盟实现了推广、人工、租赁成本的大幅降低。而商家与顾客的双赢表现为：商家可以为顾客提供优惠券、试用装，还可以提供组合办卡、组合折扣、代售产品等服务，商家之间实现了引流，而对于顾客来说花费比从前低了，还能享受一条龙的便利服务，何乐而不为呢？这就像是各互联网平台推出的各类组合年卡，一份钱享受两份甚至是更多的服务，这样的优惠总是让人无法拒绝。

无论是跨界融合还是异业联盟，合作共赢都是永恒的主题，互帮互助、求同存异、亮点挖掘是能否构建起这个线下商圈的核心要素。不同商家之间

互相背书，资源与信息共享，从而实现有效引流，促成快速裂变，提升的除了看得见摸得着的收益，还有长期的推广渠道及顾客口碑。

可口可乐×菲诗小铺，有味道的跨界

2018年，可口可乐与菲诗小铺的联名彩妆火爆一时。红色的主题色搭配可口可乐的经典logo，无论是口红、气垫还是眼影盘，似乎看上去就有那么一股可乐的"味道"。

作为世界畅销饮料品牌，可口可乐曾与许多品牌进行跨界营销。如与服装品牌太平鸟跨界的T恤，与箱包品牌PINKO跨界的背包，与钟表品牌SEIKO跨界的手表等。此次与菲诗小铺的跨界，说明可口可乐又选择了美妆这条新路径。

这些联名彩妆不仅外包装是"可口可乐风"，联名推出的唇膏还带有可口可乐的汽水味道，这一特点也吸引了许多美妆爱好者的关注。此外，跨界的双方还借势在各自的旗舰店打造了CP日和线下快闪等营销活动，进一步提升了跨界的效果。

可口可乐将跨界融合1+1＞2的效果运用得如鱼得水，在多个领域迸发出了光彩。"核心概念与突破创新的平衡"在可口可乐品牌策略中被运用得十分得当。

5.4 实体售卖融合直播带货

直播 30 分钟,销售额破亿,这样惊人的销售数字正是直播带货带来的直观成果。

直播带货不仅仅是电商的专属,实体店同样可以采用直播带货的形式来提高销量,除此之外,还能强化实体店在消费者眼中的体验属性。

那么,这样一种行之有效且成果丰硕的售卖手段究竟应该如何来实现呢?仅仅拥有一件好的产品就可以让直播带货的效果达到最高值吗?不妨先来看下面一个实例。

2020 年,当许多品牌的线下实体店经营惨淡时,格力敏锐地抓住了直播带货这一线上途径,以此逃出困境。格力直播带货是以由线下引流到线上、线上带活线下的方式展开,仅一场直播,交易额便达到了约 65 亿,打破了品牌单次直播的记录。而这一数据也是格力 2020 年一季度销售额的约 32%。(带货只服董明珠!格力直播成为现象是什么产业逻辑? https://www.sohu.com/a/400870584_115980)

众所周知,如今直播的成本相对较低,许多带货主播的大红也为实体店经营策略的转变提供了实践支持。

不过,直播带货的收益纵然可观,实体店与直播带货的结合也要注重方式方法,仅仅是介绍产品的属性和特征是远远不够的,只有线上线下通力合作,实体店才能享受到直播带货带来的红利。

5.4.1 平台的选择

对于直播平台的选择也是直播带货能否成功的关键。目前市场上应用较多的直播平台有抖音、快手、淘宝、B站、微信等,虽然看似平台不多,可选择的空间不大,但最终决定在哪个平台进行直播还是需要进行一番考虑的。

选择直播平台不能盲目

选择直播平台需要考虑的重点主要有二：属性定位匹配，带货能力出众。如果你的定位是流量吸粉优先，那么选择抖音、快手这类重视内容质量、不拘直播形式、用户更多的平台会更好。而如果你想以交易转化为重点，则淘宝这一稳定且以带货爆红的直播平台显然才是合适的选择。

5.4.2 内容的打造

直播带货内容的打造是能否有效带货的必要条件。如今，流量就意味着更多的关注。流量高了，交易额自然也就上去了。那么作为吸引流量的核心，直播带货的内容究竟应该怎么做呢？

内容的打造大致有两方面：一为卖点，二为看点。

◆ 卖点

卖点当然是直播带货内容中的重中之重。不要觉得直播越搞笑、越猎奇，就越能获得关注，直播与直播带货的差别是很大的。直播带货的重点是带货，只有货卖出去了、交易达成了，才算成功。因此，打磨产品的卖点尤为重要。

产品的卖点，就是它能够满足消费者什么样的需求。对于快节奏的直播带货，不要寄希望于进入直播间的观众能够耐心地听你把产品从头到尾介绍完，他们可能听了几十秒觉得没听到他们需要的就已经退出了。

因此，在直播带货中，产品的卖点一定要"稳、准、狠"。稳是指卖点不虚假，真实有效；准则指切实符合消费者的消费需求；而狠当然不是指恶狠狠地让消费者购买，而是打磨出的卖点要有力地戳中他们的消费痛点，让消费者觉得彼时不下单购买就仿佛亏了"一个亿"，再也买不到同类的好产品一般。

一款产品的卖点如果打磨得好，就会变成爆款，获取大量的流量，提升成交率。当然，要打磨好的卖点，就需要多观察、多调研，并且多搜集数据加以支撑。

◆ 看点

看点，即感官感受。如果直播带货只是简单地罗列产品卖点，那么带给消费者的感官体验将和静态的海报无异，既没有将直播的特点利用好，也没有达到带货的效果。

对于直播带货看点的把握，主要是外在的形象和内在的精神。

对于实体店来说，想为线下门店引流，在门店内直播也是不错的选择，能够让观众看到实体店的真实情况，提升对线下门店的好感度和前往消费的欲望。而一个形象与气质都与产品相匹配的主播也能为直播的看点加分。

例如直播带货的产品如果是高档奢侈品，邀请一位常年为农副产品带货的主播显然在形象上是很难匹配的，观众就很难将自身带入与产品相匹配的情景当中。

此外，为了增强直播看点，可以在直播中插入秒杀、抽奖等福利活动，但注意要把握好度，不能过于拖延，也不能毫无惊喜，否则会让消费者失去继续观看的耐心。

第 5 章 双管齐下：线下与线上整合运营

根据不同的产品设计不同风格的直播场景

5.4.3 配合的模式

当较好的内容在合适的平台上进行直播后，收获可观数量的粉丝是早晚的事。粉丝会通过自己的传导让传播裂变，从而吸引更多的观众转化为粉丝。粉丝即流量，而流量即收益。

从粉丝到收益，并不是一朝转化的。从线上的消费者转化为线下的消费者则更难。线上线下的配合就在这里产生了重要作用。

◆ 线上信息传导，线上为线下宣传

通过直播，经营者可以在直播间中布局关于实体店信息的宣传空间。如带货过程中提到库存充足的线下门店和地址。当有粉丝问到在某一个城市能否买到该产品时，也可以提供给粉丝两种选择：一是线上下单快递收货，二是将当地的实体店及地址告知粉丝。这样做一方面能给予粉丝良好的感受，另一方面也宣传了线下的门店。

◆ 线上带货盈利，线下物流支持

在格力的直播策略中，线上直播带货与线下的物流支持是密不可分的。格力将直播带货收到的订单统一汇总给总部，然后再由总部按照订单的收货地址统一将订单派发到相应地区的实体店，最终由实体店将产品送至顾客家中。

格力品牌实行线上售卖、线下支持，不仅赚到了利润，也带活了线下门店。这恰恰是新零售实体店的核心运营策略的体现，也足以说明实体店与直播带货相融合是实体店客观可行的经营之法。

5.5 微活动，释放营销热情

在消费者主导的市场环境下，消费逐渐呈现出精细化、多样化、快节奏的特点。

现代社会生活节奏快，消费者的兴趣来得快去得也快。做怎样的营销活动才能 hold 住全场、把控全程，让互动的全过程都为营销服务呢？

微活动是实体店运营的一个重要运营攻略。

微活动可不单单指微信活动，它是指一些小型的、具有互动性和趣味性、拥有足够强大的裂变能力的线上活动。微信只是微活动其中一个载体而已。

做微活动的运营，经营者通常都希望能够低成本、高效率地运作。因此一个考虑全面且具有创意的策划是必不可少的，此外，还需要精准的执行和到位的节点把控。

5.5.1 活动策划

活动策划一般包括市场分析、确定活动目的与主题、匹配合适的活动形式及平台、建设激励机制几个步骤。无论哪一步都相当重要。

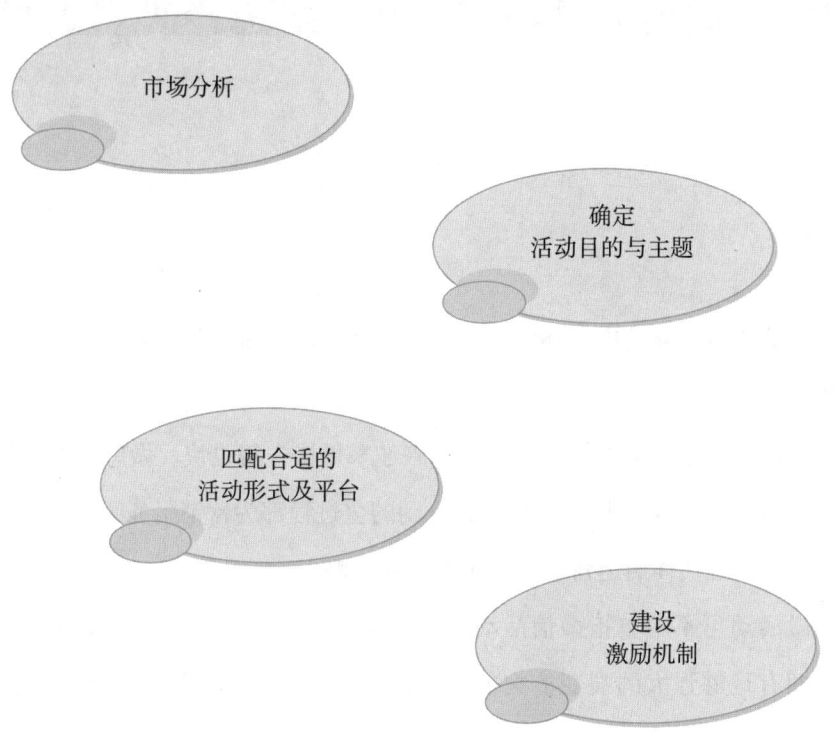

零售运营活动策划的主要内容

◆ 市场分析

市场分析无论是产品生产还是整体经营都是老生常谈的话题了，在前面的内容中也曾多次提到它的重要性，在这里便不再多做展开。只有一点需要引起注意，微活动的市场分析需要更注重精细化，不仅要了解目标受众喜欢什么，还要对活动形式能达到的营销效果进行分析，观察目前市场上同类产品的品牌通常都在做怎样的活动，效果如何。

◆ 确定活动目的与主题

比起活动主题，先确定活动目的更为合适。一般的活动目的以吸粉、促活、品宣居多。根据不同的目的再确定主题，会让顾客更好理解。

"先目的后主题"的另一个好处是能够精准地把握住目标对象。如果不能把握住目标对象，即使活动再有创意也达不到想要的结果。如果把目标设定为促活，即面向粉丝或曾经的顾客群举办活动，那么参与互动游戏领取优惠券，或是在活动期内购买产品有折扣，则要比一个品宣故事的 H5 效果好得多。

◆ 匹配合适的活动形式及平台

不同的活动目的，当然要匹配不同的活动形式以及平台。打卡活动、组队 PK、转发点赞抽奖、评论抢楼、H5 小游戏、测评反馈、答题活动等都是常见的形式，只有与目的相匹配的活动形式才能呈现良好的效果。

活动平台则需要根据最终选择的活动形式来确定。例如，以 H5 小游戏作为活动形式，微信平台显然是能够达到最佳效果的选择。而如果是测评反馈活动，显然微博或是产品销售的线上平台如淘宝、微店效果会更好。

多元化的活动运营策划形式

◆ 建设激励机制

激励机制是一份营销活动策划案中的重中之重。经营者举办活动,不是为了活动而活动。无论是吸粉、促活还是品宣等活动目的,经营者都要清楚地知道,活动目的是提升销售额。

通过激励机制能够把消费者被活动调动起来的消费欲望彻底转化为消费

行为，同时还具有刺激消费者进行自主传播或回购的作用。

当前，我们已经处于一个互通互联、自成媒体的时代，消费者的精神体验需求已经和物质体验需求具有了同等重要的地位。

常见的物质激励通常有奖金、奖品或是周边赠品等。有来有往才是成功的活动。建设激励机制时，除了物质激励，也要注重精神激励。

精神激励的表现形式通常为官方互动、文章推送、加 V 特权、新出产品优先提供给忠实粉丝试用等方式。

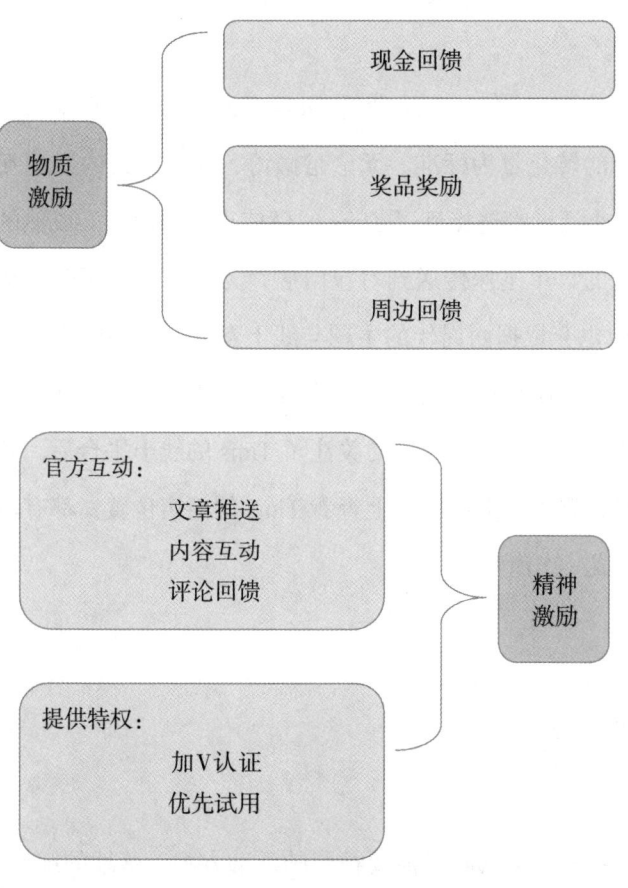

线上活动激励机制的部分设计参考

2021年是Tims咖啡进驻中国两周年。如果尝试去分析整个周年活动，就会发现在活动中Tims咖啡做了一份非常走心的策划案。首先，周年活动的目的被更多放在了吸粉与转化消费上。咖啡是许多现代人喜欢的饮品，一些白领每天会用一杯咖啡来开启一天的工作。所以，想要对这样一类人群产生有效的吸睛转化作用，活动需要更多抓住咖啡饮用人群的特点。因此，Tims选择了"愿今后的每一天，都与你温暖相伴"这样的主题，主打了陪伴、温暖这样的关键词，并且从"每一天"这个关键点出发，推送了早餐、下午茶的营销活动，还链接了微博、小红书、抖音等平台，邀请消费者参与主题的互动。

当然，对于以实体店为主营的Tims来说，所有的活动效果都以最后实体店消费者的转化量为标准。无论是微博、抖音平台的话题互动，还是公众号的优惠小活动都链接到了Tims的微信小程序商城。成熟的线上支付系统将消费者的订单迅速传送到对应门店，为门店增加了营业额。此外，在Tims门店中也会根据两周年的主题与线上互动。如在门店中有活动入口的二维码链接，即使消费者从未关注过Tims线上的平台，他们也会通过门店的渠道有所了解。当消费者成功关注了Tims的线上平台后，就意味着今后无论他们走到哪里，都可以线上查看Tims的门店位置，都有可能走进其中一家门店完成一次消费。

5.5.2　活动执行

活动最终能否成功除了需要精彩的活动方案，落地的细节也需要注意。主要包括活动流程的制定、时间节点的把控、风险控制等细节问题的处理。

◆ 活动流程要精简

活动的流程要尽量精简,正如本节开始时说到的,消费者的兴趣来得快、去得也快,复杂的活动流程很容易让消费者从一开始就失去参与的兴趣,那么活动还未开始就失败了。如在 Tims 咖啡的周年活动中,微信号关于周年活动只有一篇推文,推文内容是对优惠活动进行简单说明,并附上微博等平台的互动链接,清晰明了,没有长篇大论。

◆ 时间节点把控要精准

在活动前要再三斟酌时间节点的把控,然后用表格的形式将各个时间点和要做的工作罗列出来,方便执行团队跟踪及复盘,以免错过重要时间。

例如,一品牌计划在圣诞节前一周举办抽奖活动,以便在圣诞节当天为门店带来顾客的转化。按一周七天,该品牌直到圣诞节前夜每天都有不同的惊喜内容。

顾客对门店消费的需求可能是不同的,因此他们会关注到的内容也不同,有些人更喜欢第一天的惊喜,而有些人则喜欢最后一天的狂欢,这可能会直接决定他们是否会到门店去看一看。

如果没有按照每天的节点来发布,甚至是某一天中断了,那就有可能不仅吸引不来顾客,还会造成原有老顾客的流失,因为承诺的活动内容并没有发布,从而降低了顾客的满意度。

时间等于金钱,节点把控要精准

◆ 风险控制要精细

在活动具体落地的过程中可能会出现各种各样的问题,规避风险的发生或者及时控制风险扩大是执行团队工作中的重中之重。这需要执行团队提前将活动前中后期可能出现的问题罗列清晰并提供相应的解决方案。

另外,活动过程中出现的问题大多与执行团队对活动规则的理解有关。因此,针对活动规则的细致解读也是执行团队在活动前十分有必要完成的一项工作任务。

第 6 章

智慧布局：零售实体店的连锁运营

连锁经营是一种商业经营模式，是指经营同品类商品或服务的若干企业或个体经营者通过不同形式形成联合体，以达到共生共长的目的。对于想要进入连锁领域分一杯羹的经营者，只有全方位地了解连锁模式的运作方式，以及在新环境下连锁的创新玩法，才能在连锁这条路上走得更稳。

6.1 实体店连锁运营模式

连锁运营是一种商业经营模式，它通常指的是某类产品或服务品牌化后，由总部直接开设门店或是由他人或公司加盟开设门店的运营方式。

规模效益是连锁运营的核心，将门店的独立经营建立在总部统一规划、系统管理的基础上，将品牌的强大价值附加给各门店，实现品牌与门店的共同增值，从而获得强大的市场竞争力。

6.1.1 直营连锁，资产管理的另类体现

随着连锁模式长期的发展，逐渐形成了"直营""特许加盟"以及"自由加盟"三种主要的运营模式。

直营连锁主要指的是由品牌公司总部直接经营的连锁门店。在该模式下，总部会直接出资在其他地区开设门店，对门店的一切相关资源持有所有权。可以说，直营门店就是品牌公司的资产。

直营连锁的模式主要适用于具有较高知名度且资金实力雄厚的连锁公司。在零售市场中常见的连锁品牌如服装类的李宁、海澜之家，超市品牌家乐福、沃尔玛等都采取了直营连锁的模式，这些品牌的影响力及资金实力也是有目共睹的。

"统一性"是直营连锁的最大优势。统一的资金调配有利于公司总部统一各门店的经营战略，用于更具优势的产品开发。所有门店小到开店时间，大到进货渠道都交由总部统一运筹，去掉了各门店的个人化特征，有利于公司整体品牌形象的塑造，发挥整体优势。同时也避免了恶性竞争，促进了同品牌门店间的良性竞争。

尽管统一管理带来了可观的收益，但高度集中的管理模式也有其缺点。如各门店自身的自主权较小，无法随着周边市场环境的变化及时做出适宜的调整，门店所有经营情况需向总部报备，经费使用也由总部统一调拨，很难刺激门店员工的积极性，造成销售成绩不佳，在一定程度上也增加了运营的成本。这就是直营连锁策略并不适用于小微企业或独立创业者的原因。

6.1.2 特许加盟，共赢的契约关系

连锁运营模式中最常见的第二种运营模式即"特许加盟"。

"特许加盟"四个字可能听上去十分陌生，但是"麦当劳""肯德基""7-11"等连锁大牌你一定听过。这些在全球都具有可观的运营规模的连锁品牌主要使用的连锁方式就是"特许加盟"。

"特许加盟"指的是由拥有技术和管理经验的总部传授给加盟店各项经营技术和经验，并收取一定比例的权利金及指导费的一种契约关系。特许加

第 6 章 智慧布局：零售实体店的连锁运营

盟的核心是"特许权"。

那么，什么是"特许权"呢？简单来说就是品牌公司（特许人）允许加盟商（受许人）使用公司的 Logo、专利、专业技术、经营管理模式等无形资产。对于特许加盟来说，品牌公司总部转让的是这些无形资产的使用权而非所有权。加盟者需向总部支付一定的费用才能获得这些使用权。

特许加盟模式（franchise）示意图

加盟费是加盟者向公司总部支付的购买特许权费用中的一部分,如便利店巨头7-11,其在中国市场上对于加盟者的要求是个人加盟需支付加盟费30余万元才能进入申请阶段,申请通过后才能开店营业。而对于有一定资金实力的加盟企业,这一费用还要再翻一倍不止。

除了加盟费,当加盟店进入正式运营阶段后,加盟店还需要在运营过程中定期向总部缴纳营业额中一定比例的特许权使用费。

在这一模式下,品牌总部不再拥有门店的所有权,门店由加盟者独立经营,拥有更多的经营决定权。品牌总部与加盟者之间是契约关系,品牌总部为加盟者提供包括进货、人员培训、经营管理指导在内的多项支持,而加盟者则在总部统一规定的特许权资源的基础上进行运营,并给总部反馈一定的利润。

在特许加盟的模式下,技术使用权的转移让加盟店可以快速地运作起来,并且从中获益。只要品牌总部保持良好的运转,加盟店积极运营,便能达到总部与加盟商双赢的效果。

连锁便利店巨头 7-11 的连锁之道

截至2018年,7-11在全球17个国家和地区拥有超过6万家门店,占据了2018年全球便利店排行榜的首位,同时也是全球零售商的第20名。(7-11:全球第一便利店的成功之道 https://zhuanlan.zhihu.com/p/52914617)

在新零售背景下,7-11从1974年开始持续了20余年的卖方主导市场自然过渡到了买方主导市场,这种策略调整让人惊叹。其敏锐地抓住了市场的变化以及消费者的需求，成功地在时代的变迁中走在了其他连锁品牌的前面。

21世纪初，7-11提出价值共创的服务理念，为其连锁门店提供生活基础设施服务、制造、进货、销售、物流等一系列的措施支持。同时，7-11还主动提出了提升研发实力、探索自有商品、提高自有商品比例的策略。

7-11 coffee就是其自有商品研发中相当成功的一个案例。7-11将自主研发的商品配送到各个连锁门店，无论在什么地区，只要消费者能够找到一家7-11，就能购买到同等价格的商品，实现了品牌价值稳中有升，既满足了消费者的个性化需求，又稳定了各加盟商随着竞争加剧逐渐不安的内心。

在中国市场，7-11于2012年开放了个人加盟模式，形成了A型和D型加盟，给予加盟者更多模式上的选择。A型加盟，即投资管理型模式；D型加盟，即委托管理型模式。

6.1.3 自由加盟，平等的合作关系

比起特许加盟，自由加盟更加自由。

自由加盟又称自愿加盟，即自愿加入连锁体系的门店。注意，这里的用词是"门店"而不是"加盟者"。在自由加盟模式下，可以是原来已经存在的较为成熟的实体店申请总部的部分特许权进行加盟。

自由连锁的模式一定意义上可以理解为品牌公司与其成员之间达成的共同利益的结合体，各成员都是独立的法人。自由加盟的门店亦可称为"成员店"，成员店具有较高的自主权，售卖的产品也可以自主选择。

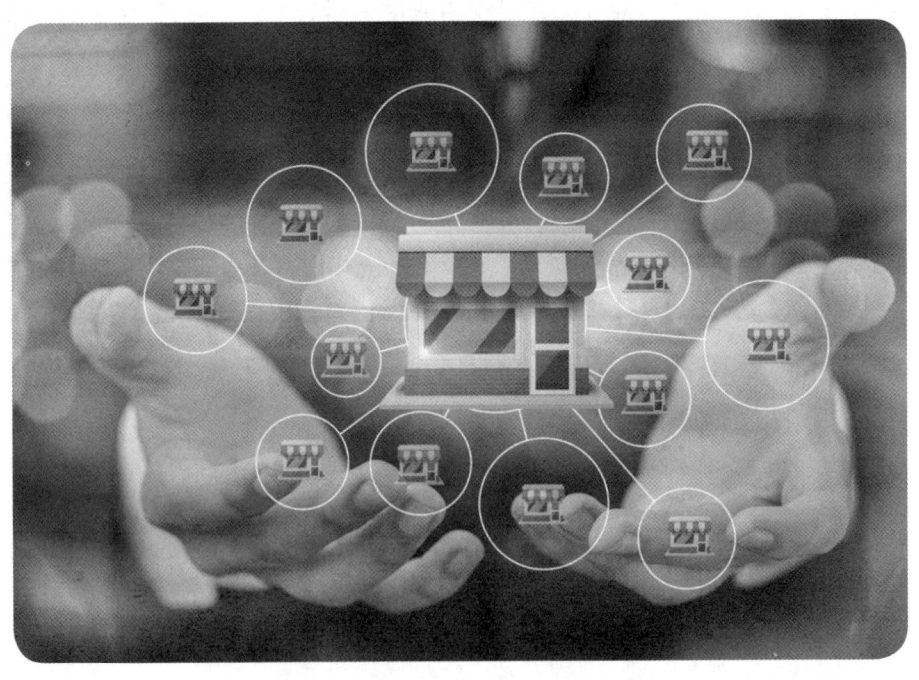

自由连锁模式（Voluntary Chain）示意图

自由连锁的模式更适合中小微的零售企业与大型连锁品牌之间的合作，有利于保护中小微零售企业的存活以及规范管理。同时，对于大型连锁品牌来说，也能够有效防止中小微零售企业为了获得利润而假借名目进行宣传，保护自身品牌的利益。

6.2 门店连锁，共享才能共赢

共享经济是近年的社会热词，各行各业的共享势头俨然成了未来市场发展的方向。

对于实体店来说，也同样要把握好这样的潮流。连锁不失为一种可以选择的方向。

6.2.1 连锁共赢的物质支柱——资源共享

资源共享起源于网络，原是指网络中的所有软件、数据资源以及有关硬件的共享。在网络中的用户可以全部或部分地享受原资源主体共享出来的信息。例如，某些用于机票预订的网站可以查看各种时间段内航班的信息及机票的余量，同时还可以在其网站上直接订票，而订票的信息则直接通过互联网到达航空公司的系统和用户的手机。

不只是网络上的资源共享，资源共享作为一种新型的资源分配方式和商业经营模式也愈发被连锁品牌所关注，连锁品牌的运营策略变化也由此开始。

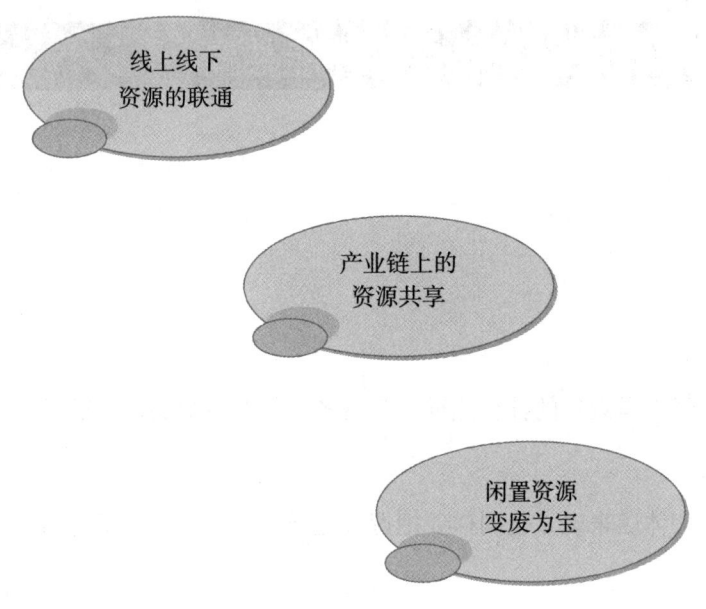

门店可共享的资源

◆ 线上线下资源的联通

通过线下某一连锁店将消费者引流到线上，再通过线上的仓储为顾客及时配货。这种线上线下相互配合的模式便是资源共享的一种体现。

线上能够为线下提供的资源不仅仅是仓储，还有消费者的数据以及成交额。通过线下门店引流到线上的消费者在某一连锁店对应的线上平台进行消费，成交额自然也归该门店所有。

例如，目前在国内逐渐崛起，在国内市场有能力与7-11一较高下的便利店品牌——便利蜂，其总部完善的线上支付系统可以精准对应到每一个门店，做到了账目清晰，为每一家门店提供独立的支持。同时，该系统还能够整合所有连锁店的销售信息，方便总部实时跟进。

线上线下资源的共享能够实现品牌资源、产品仓储资源、消费结算资源的共享。省去了结算的部分人工、线下的仓储物流以及部分宣传费用，经营成本的显著下降是有目共睹的。除此之外，最为重要的是良好的门店服务体验＋线上便捷的支付渠道既满足了消费者线下购物对品质的要求，也满足了其对节约购物时间的需求。

◆ 产业链上的资源共享

资源共享不仅仅是线上与线下的共享，也是产业链上下游之间的资源共享。以往的产业链上下游都是分散孤立的，供应商是供应商，顾客是顾客，相互之间没有任何联系。这些供应商在没有电商冲击的条件下也许尚能生存，但电商时代的来临让没有整体合作意识的产业链开始变得摇摇欲坠。

电商在线上可以实现各平台、上下游之间的资源共享，连锁品牌同样也可以。连锁品牌的经营者可以考虑对上下游进行收购或是采取战略合作的形式，将上下游的资源聚拢到一起再重新进行整合分配。这样的整合再分配有效地提取了产业链上的全部资源，实现了资源上的优势互补。

此外，在产业链上的资源还有一种独特的表现形式——渠道。从上游的供应商到下游最终的消费者，进货、生产、销售等环节中都有对渠道的管理。复杂多样的渠道必然对应着复杂的管理流程，而越是复杂的流程越意味着更多的成本投入。

由此可见，渠道资源的共享也不失为一种降低成本的方法。

连锁品牌会将渠道资源也统筹管理起来，制定统一的管理流程，面向所有的连锁门店实现渠道的资源共享，实现统一简洁的费用核算。这不仅能够降低连锁品牌自身的成本，也能够提升连锁门店的经营效率。

同样以7-11为例。7-11在分销渠道上有统一的管理流程，他们还邀请批发商作为分销系统中的一部分。批发商被指定负责某些城市的7-11门店，然后再通过分销系统链接到各个门店。7-11总部与这些批发商签订总的销售协议，连锁的门店就可以通过分销系统对接到合适的批发商，这就节省了总部管理各门店不同批发商的成本，也节省了门店自发寻找批发商所产生的成本。

◆ 闲置资源变废为宝

共享经济的最大特点是售卖使用权而非所有权，增强了复用率和使用效率。资源共享的另一优势是能够在闲置资源中找到可利用的优势并将之匹配到相应的场景中使其重新拥有价值。

诸如便利店里的共享雨伞、书店里的图书借阅、餐厅里的充电宝出租，就是将原本闲置率较高的资源重新配置，出售使用权，极大地提高了这些产品的复用率。

以充电宝出租业务为例，随着智能手机的发展，如今几乎人人都持有一部甚至多部手机。智能手机为人们提供办公、娱乐、通信等多种便捷的功能，但与此同时也为人们带来了一种名为"低电量恐惧症"的情绪。一旦手机电量低于一定的百分比，人们就会开始焦虑。而充电宝出租业务则满足了人们简单出行、随需随用、处处可还的使用需要。你在A店借用充电宝，可以在你家附近的另一间门店找到归还处，而你只需要支付每小时几元不等的租赁费就可以让你的手机始终保持在电量满格的状态，完全不需要担心有处借无处还，也能避免充电宝没电、带了充电宝却没带充电线的尴尬场面。

这些原本闲置率较高的资源在合适的场景中不仅实现了可观的经济效益，还产生了一定的社会效益。如图书的循环借阅模式，消费者只需要支付比较少的费用就可以阅读到想要阅读的书籍，提升了书籍的利用率。此外，借阅还降低了无谓的浪费，减少了无效的印刷出版，节约了纸张，保护了环境。

对于实体店来说，实现闲置资源的共享是一种相互协作融合的过程，能够为门店的消费者提供更丰富多元的服务。对于闲置资源方来说，与实体店的共享实现了他们的持续生存，也能够为他们赢得相对可观的收益，因此他们通常也乐见其成。

6.2.2 连锁共赢的精神支柱——品牌共享

如果说资源共享是连锁共赢的物质支柱，那么品牌共享便是它的精神支柱。一个共享经济体，它的最终目标一定是实现共同生存、共同发展。这一共享经济体内部的所有企业与个人都希望这一合作同盟是坚固且有影响力的。尽管品牌是一种无形的认知，但它有着强大的影响力，可以直接改变或影响消费者的消费决策。有了资源共享的物质基础，精神层面的共享也必不可少。

品牌联盟，合作共赢

一个品牌的建设具有长期性，能够在消费群体中建立起坚实的信任感并不容易，这也是一部分企业选择品牌共享的原因之一。品牌共享，可以使整个品牌联盟中的所有门店获得同样的商誉，再匹配优质的产品或服务，可以有效地提升自身的竞争力。

除了借势提升门店自身的竞争力，品牌共享还能够带来共生共长的效果。门店自身竞争力的提高带来了消费者更广泛的认可，这就直接提升了共享品牌的形象与知名度。

共生共长的关系更为门店提供了更好的宣传渠道以及更多的盈利方向，从而大幅度促进连锁规模效益的实现。如丝芙兰与其门店下所有化妆品品牌的关系。丝芙兰是一个能够被大部分关注皮肤的消费者定位到的化妆品门店，它又与门店下所有的品牌再次共享"丝芙兰"这个名字。门店下品牌的品质保障是丝芙兰获得好评的基础。同时，丝芙兰的品控管理优良与否，也会对门店下的品牌造成影响。

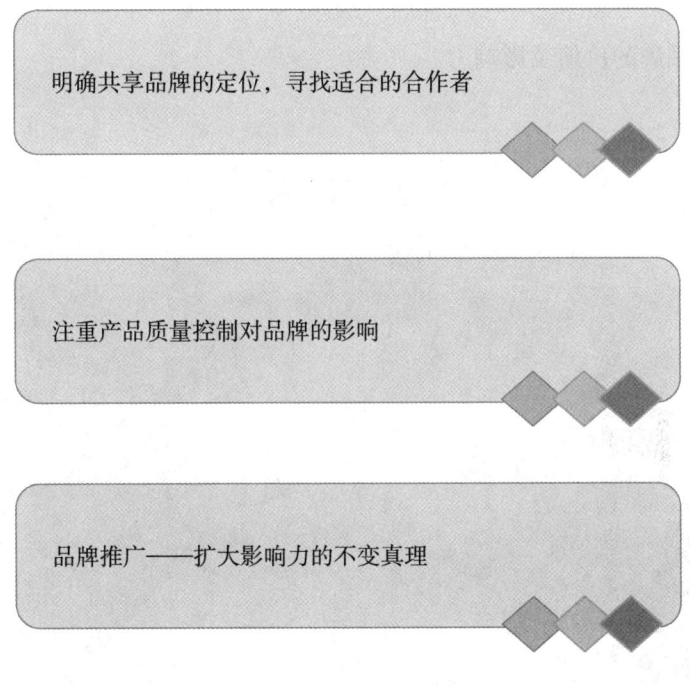

门店连锁品牌共享方式

◆ 明确共享品牌的定位，寻找适合的合作者

在找到适合的品牌联盟成员之前，共享品牌的品牌定位十分重要。与自身品牌运营不同，共享品牌在定位时除了需要考虑品牌的特点、市场定位外，还需要了解目标合作者的发展情况，如合作者原本的商业信誉是否良好，其产品是否拥有与即将进行共享的品牌相似的特征，其产品质量是否足够好，能否撑得起消费者对共享品牌的信任等。

当共享品牌的定位确定后，就可以为这个品牌寻找适合的成员了。品牌联盟的合作者必须要与品牌发展有相同的目标，通俗来说就是要找到志同道合的伙伴。发展理念相同、奔赴的目标相同，合作伙伴才能齐心协力地共同打造共享品牌的价值及影响力。

签署合理的协议，稳定成员的关系

共享品牌的合作方式是前期无偿共享，但约定合作者必须共同发展、共谋利润，因此与合作方就品牌的使用及推广等方面达成共识并签署约定性强的合同或协议是十分有必要的。

此外，在约定的共享期间，品牌联盟的"盟主"还需要就品牌的使用和拓展制定一定的规则，来约束合同签署后合作方一些超出合同约定范围的行为。

◆ 注重产品质量控制对品牌的影响

共享品牌的名声当然不可能只和品牌背后的精神价值有关。消费者认可某一个品牌,还是以产品的质量过硬为基础的。

共享品牌之前,品牌就代表着一家企业的外在形象与核心价值,而在共享品牌之后,品牌则代表了整个品牌联盟中所有合作者的形象。因此,品牌联盟中的所有产品都需要有过硬的产品质量,才能稳固品牌在消费者心中的信任。

产品质量控制,一方面要控制联盟中各合作者生产出来的产品,保证其质量;另一方面也要提防随着品牌影响力的扩大,市场上可能会出现的仿制品。随着技术水平的不断提高,很多品牌的仿制品也可以做出近乎原版的品质,让消费者很难判别真假。此时,就需要品牌联盟中的每一位成员都保持高度的警惕,通过法律途径或者向消费者科普辨识品牌真伪的方法,将品牌价值很好地保护起来,防止假冒伪劣产品对品牌的影响。

◆ 品牌推广——扩大影响力的不变真理

品牌的影响力越大,就会被越多消费者所熟知,自然也就越能获得广阔的市场前景。除了通过质量控制向消费者传达一个"质量过硬"的品牌理念外,对于品牌价值的主动推广也是必不可少的发展策略。

对于共享品牌,品牌推广的精髓并不在于吸引消费者,而是在于吸引更多优质的合作者。通过品牌价值的传导,吸引更多的优质企业加盟,拓宽品牌涉及的领域,让企业认可品牌才是重中之重。进入品牌联盟中的合作者自身就已经带有了一定的流量,获得这些合作者的认可,就是获得了原本属于他们的忠实顾客的认可,从而获得最大化的收益。如全球知名的日用消费品巨头——宝洁公司，其产品从头发护理、皮肤护理、化妆品到家具护理、清洁用具等一应俱全。而这些产品并不是宝洁公司自身研发的，大部分都属于宝洁这一品牌联盟下的企业。如消费者们都十分熟悉的护发品牌海飞丝，护肤美妆品牌 SK-II、玉兰油等。

这些品牌联盟下的企业通过自身影响力的扩大，也让"宝洁"这一品牌被大部分相关的消费者所熟知。

共享品牌不仅能够提升具有较大规模的品牌的影响力，也能够帮助中小企业赢得更广阔的生存空间与稳固的市场地位。

6.2.3 共享经济下面临的问题——风险共担

任何一种商业活动或合作形式都不可能永远顺风顺水、直达顶峰，即使是已经登顶的企业也要时刻警惕风险的到来。对于连锁品牌来说更是如此。想要共赢，连锁品牌可以通过资源共享、品牌共享来为连锁联盟中的所有成员提供更大的发展空间和更多的机会。但是相应地，在联盟中的成员也面临着"一损俱损"的风险压力。此时，联盟成员的风险共担能力强弱便直接决定了这一连锁联盟的稳定性。

共担能力是连锁品牌的风险支柱，它主要包括两个方面。一是需要连锁联盟中的所有成员做好风险随时可能到来的思想准备。这一点要在联盟形成的初期就经由讨论交流、合同签署、成文合同等多种方法向成员反复强调。二是需要联盟各成员有对风险提前预判的能力，并能够提供相应的解决方案。这也需要连锁联盟积极地探索应对风险的方法，并不断提高联盟中各成员提供解决方案的能力。

不能长期生存的共享品牌多半是在风险中倒塌的。对于连锁品牌来说，其中一家门店出现了质量问题，可能对整个品牌都是一种风险。不管是资源共享，还是品牌共享，最终都要实现连锁品牌的利益共享，而利益共享也伴随着风险共担的需要。只有连锁联盟内部树立共同进步、携手并进的思想理念，才能稳得住、放得开，真正实现长期平稳的市场生存。

6.3 大数据下的实体店智能零售

如果说互联网技术改变了人类获取信息的方式,那么大数据技术就改变了人类应用信息的方式。企业利用对数据的处理分析,能够更好地为消费者服务。

对实体店而言,大数据技术是便捷且有效的科技工具。你会发现,当你使用了数据,你就能很好地了解客户,做出准确的营销和宣传定位,并且实现自动化财务结算。这些便利都能够为你的门店带来切实的改变。

6.3.1 大数据时代的标志——"人、货、场"的重新定义

借助大数据技术,企业可以获取用户在淘宝、微信、微博、直播平台、论坛等平台上的交易、浏览等行为的数据,在获取数据的基础上能够形成精准的消费者画像,这一点在第 4 章中曾重点提到。但是,大数据技术能够达到的还远远不止获取用户画像这么简单。

大数据商业概念

  大数据本身并非一种实体存在的工具,但基于大数据产生的分析方法与软硬件则是切实的可利用工具。如数据采集技术、预处理技术、存储技术、资源管理、消息分析技术等。目前最为火爆的人工智能技术也是依靠大数据的运算分析逐渐发展起来的。

  大数据为经营者提供了一种全新的商业运作理念,结合大数据技术中的智能算法与建模技术等,企业还能够针对产品业务、市场布局等方面形成具有一定时间与空间维度的数据模型,这就实现了对人、货、场的重新定义。

  传统的零售行业是"货场人"的模式,即供应产品、找到售卖的场地、等待消费者前来购买。而新零售时代则是"人货场"模式,等待消费者主动踏进门店就能实现盈利的时代已经一去不返。大数据时代提倡的是精准的分析、快速且有效的行动以及让人眼前一亮的优质体验。

大数据指导商业策略的形成

◆ "人",从被动到主动

"人货场"模式中,人是主导。通过大数据分析,经营者能够准确地了解目标消费群体的消费习惯与消费需求。同时,通过大数据技术的应用,经营者还可以借助各种平台向消费者精准推送他们需要的信息,主动激发消费者的消费欲望。

◆ "货",从大众化到定制化

生产什么产品可以供消费者购买在大数据时代已经不适用了,"消费者需要什么我们就生产什么"才是大数据时代"货"的发展方向。消费者对于个性化消费需求的升级要求经营者能够供应具有不同特征的产品。此外,提供符合不同类型消费者的消费体验也是大数据时代要求经营者重点考虑和优化的内容。

2020年《麦肯锡中国消费者调查报告》中显示,相较2010年,2018年的富裕小康家庭及人口已经增长了41%,富裕小康家庭及人口的增长为零售市场带来了可观的消费者数量。此外,该报告中还报告了消费者的消费趋势,多数消费者在消费升级的同时更关注品质以及性价比,"消费新生代"以及"品位中产"是两大消费主流群体。(麦肯锡:2020中国消费者调查报告 http://www.199it.com/archives/983993.html)

《麦肯锡中国消费者调查报告》也明确指出,品牌商应加倍关注中低线城市消费新生代以及高线城市的不同类型的消费群体,创造独特而令人难忘的体验。

◆ "场",从场地到场景

传统零售业的"场"只是一块供经营者销售商品的土地而已。而如今的"场"是供消费者进行消费体验的"场景"。实体店需要为消费者营造各种各样的消费场景,体验的、支付的、售后的,并且渠道需要多元化,通过实体柜台、数字屏幕、手机扫码等多种形式满足消费者的多种消费习惯。

在大数据环境下，缺乏大数据思维的传统实体店将在这场没有硝烟的商战中落于下风。

当前时代智能零售的灵魂——RFID 技术

RFID（Radio Frequency Identification）技术即射频识别技术。它是自动识别技术的一种，通过无线射频的方式可以对事物实现无接触的双向通信，能够实现识别目标与数据交换的双重目的。

在零售领域，依托于 RFID 高效、独特的识别技术，经营者可以轻易地追踪到商品的动态，无论是采购、物流还是购买都可以实现追踪。RFID 也能收集用户行为数据，从顾客踏入门店起，他的每一步购物行为都能够通过 RFID 技术精准地记录下来，方便经营者统计和分析，以便做出更精准的营销策略。

事实上，RFID 技术能够应用在实体店经营的各个环节中，比如仓储管理、产品推介、自助支付、商品监管等。其具备程序自动化、处理高效化的突出优势，是有效降低实体店整体运营成本的方法。不过，依托 RFID 技术产生的设备前期投入较大，一般小微门店无力负担。此时，便可以考虑通过连锁的方式，依托大品牌的雄厚实力，先将门店做起来，再继续考虑后续的创新发展。

6.3.2 大数据技术的能力——智能零售的实现

站在适用于零售行业的角度，目前被广泛应用到的大数据技术主要是围绕大数据的采集与分析推荐和全渠道流程智能化两方面来发展的。如前面介绍的射频识别 RFID 技术以及人工智能 AI 技术中的机器人技术、人脸识别技术、工程自动化技术、传感器相关技术等。通过这些技术的组合应用，可以实现实体店全流程的智能化。

◆ 电子价签

电子价签又叫"电子货架标签"，目前主要应用于超市、便利店、药房等消费场景当中。主要应用的技术便是 RFID 技术。

顾名思义，电子价签是替代纸质价签的电子显示装置。电子价签不仅能够显示商品价格，还可以实现和线上商城或 App 商品信息的实时同步。此外，通过将电子价签与门店运营中的大数据库相连接，除了实时更新价格以外，还实现了门店货仓、店员拣货的智能化，店员只需要在后台系统上查看消费者扫码下单了哪些商品，再结合数据库提供的商品陈列位置信息，便可以迅速完成拣货，大幅提升效率。

电子价签除了其经济性价值，同样也有其社会性价值，其长期可利用性使纸质价签、清单等大幅减少，不仅节省了门店对纸质材料的制作和维护成本，还有利于保护环境。

第 6 章 智慧布局：零售实体店的连锁运营

电子价签

◆ 自助支付

自助支付可能是消费者们对智能零售感受最深的功能了。

随着手机支付成为支付方式的主体，零售门店的自助支付系统也逐渐完善。利用 RFID 技术，自助支付系统可以轻松识别商品上的条形码价签，消费者只需要在自助结算机的扫描窗口对商品进行扫描，系统便能自动记录并计算所需支付的最终费用，消费者再通过手机支付的方式完成支付。如果只是购买一件商品，自助支付的计算时间可能不会超过 5 秒，这是提升消费者体验的极佳方式。

同时，自助支付节省了门店的人工费用，如京东 7FRESH 门店自助结算处如果有 8~10 台自助结算机的话，门店仅需要 1~2 名指导人员对第一次使用结算机的顾客进行指导或是帮助处理机器上的支付问题即可。比起传统的收银结算，不仅节省人工成本，还大幅提升了效率。

当然，自助支付对于消费数据的存储与分析也是水到渠成的事，这种大数据挖掘的结果又能指导门店制定销售策略，如货架摆放位置等。

超市自主结账系统

◆ 智能货架

趣味性和便利性是智能货架能够带给消费者的最直观的消费体验。消费者通过与智能屏幕的互动完成产品的挑选和支付，这一切都基于大数据对消费者消费行为的分析和处理。

这样一种消费行为可能看上去有些熟悉，很像多年前兴起的自动贩卖机。但与自动贩卖机不同的是，智能货架通过 RFID 技术，经由数据系统的支撑能够完全解决自动贩卖机以往库存不足、功能单一、识别出错等问题。

比起自动贩卖机，智能货架应用的是最新的支付方式，同时也兼具传统的支付方式，带给消费者更多的选择空间。同时，数据的高速处理也提升了消费者获取商品的速度。

近年来，随着人工智能发展的迅猛势头，智能货架的升级产品——虚拟货架也出现在了实体店中。没有实物的摆放，只是借由电子屏幕，消费者就可以在屏幕上完成商品的筛选，了解商品的价格、材质、出厂时间、本门店是否有该商品以及库存是否充足等信息，高效满足了消费者的购物需求。消费者还可以在门店中挑选完商品后进行线上支付，这又与自助支付系统产生了联系。

快餐店的自助点餐机极大地提升了点餐效率

◆ 智能试衣间

智能试衣间的概念可能是许多服装品牌经营者对未来的畅想。尽管目前的人工智能技术还不能让顾客通过一块屏幕或是结合 VR 技术就完成试装，不过已经能够为顾客提供试衣建议、匹配相应服务等功能。

2014 年，eBay 和时尚品牌 Rebecca Minkoff 合作的智能镜面试衣系统在纽约的门店中投入使用。通过触摸，消费者可以在上面查看到所有想要浏览的产品信息，智能镜面还会通过识别技术为每一位顾客提供尺码上的建议。

当顾客选定产品后，该系统还会自动将试衣需求发送给门店的工作人员，工作人员会提前将产品送到试衣间，提升挑选商品的效率。智能镜面还会分析每一位顾客浏览产品的不同喜好，并主动为顾客推荐穿搭造型单品。

当完成试衣并打算购买时，顾客还可以直接在镜面屏幕上完成自助支付。如果暂时没有购买计划，智能镜面还会对顾客的试衣数据进行存储，方便顾客之后再次到店时，能够为其提供参考建议。

eBay 与 Rebecca Minkoff 的这套智能试衣系统为未来智能试衣间的建成提供了实践支持。

当前，大数据技术仍在不断发展。在未来，实体店借助大数据技术能够实现的智慧功能将会更多，如人工智能代替店中的导购员，实现物流的无人配送等，这些都已经被列入零售巨头们未来的经营策略考虑中了。

智能试衣间概念

对于实体店的经营者，依托大数据技术发展已是不可逆的趋势，只有通过大数据产生的智能化手段创造与线上电商截然不同的运营特色，才能带给消费者耳目一新的消费体验，才能在这场新零售模式的"战争"中取得胜利。

参考文献

[1] 陈欢，陈澄波. 新零售进化论 [M]. 北京：中信出版社，2018.

[2] 殷中军. 社交新零售：爆发式增长和私域流量裂变的低成本路径 [M]. 北京：中国经济出版社，2020.

[3] 张桓，杨永朋. 名创优品的 101 个新零售细节 [M]. 北京：人民邮电出版社，2019.

[4] 韩良晨，陈益材. O2O 实体店革命：智能商店营销与案例实战 [M]. 北京：清华大学出版社，2015.

[5] 张箭林. 新零售：模式＋运营全攻略 [M]. 北京：人民邮电出版社，2019.

[6] 李世化. 新零售运营手册：实体店逆袭指南 [M]. 北京：中国商业出版社，2017.

[7] 张志安. 新零售时代的实体店营销 [M]. 北京：电子工业出版社，2018.

[8] 翁怡诺. 新零售的未来 [M]. 北京：北京联合出版公司，2018.

[9] 零售老板内参. 新零售时代：重构商业模式与营销实战 [M]. 北京：中国铁道出版社，2018.

[10] 戴维. 新零售时代微品牌战略 [M]. 北京：电子工业出版社，2018.

[11] 范鹏. 新零售：吹响第四次零售革命的号角 [M]. 北京：电子工业出版社，2018.

[12] 程阔. 社交新零售：圈层经济的整合与变现 [M]. 北京：人民邮电出版社，2020.

[13] 水木然，廖永胜. 新零售时代：未来零售业的新业态 [M]. 北京：机械工业出版社，2017.

[14] 董永春. 新零售：线上＋线下＋物流 [M]. 北京：清华大学出版社，2018.

[15] 邹云锋. 实体店这样运营能爆卖 [M]. 北京：中华工商联合出版社，2018.

[16] [英] 利·考德威尔著. 价格游戏：如何巧用价格让利润翻倍 [M]. 钱峰，译. 杭州：浙江大学出版社，2017.

[17] 苗李宁. 新零售：实体店 O2O 营销与运营实战 [M]. 北京：化学工业出版社，2018.

[18] 梁婷. 商业橱窗动态展示方法的研究 [D]. 昆明：昆明理工大学，2011.

[19] 韦黎郎. 基于大数据时代下的商业橱窗设计个性特征研究 [D]. 合肥：合肥工业大学，2016.

[20] 周鑫. 客流滚滚：实体店的移动互联网营销革命 [M]. 北京：电子工业出版社，2016.

[21] 耿启俭，李亮德. 连锁联盟：新零售时代实体店崛起之道 [M]. 北京：中国纺织出版社，2018.

[22] 中国连锁经营协会. 无人零售：技术驱动商业变革 [M]. 北京：机械工业出版社，2018.

[23] [美] 大卫·贝尔（David R. Bell）著. 不可消失的门店：后电商时代的

零售法则 [M]. 苏健，译. 杭州：浙江人民出版社，2017.

[24] 麦肯锡：2020 中国消费者调查报告 [EB/OL]. http://www.199it.com/archives/ 983993.html，2020.2.5.

[25] 可口可乐 × 菲诗小铺，联名出彩妆了！[EB/OL]. https://www.digitaling.com/projects/27463.html，2018.05.31.

[26] 社群营销与社区营销之间的区别？[EB/OL]. https://zhuanlan.zhihu.com/p/41415619，2018.08.06.

[27] 格力董明珠直播带货再创新高，获 65 亿成交额，欲将 3 万实体店转型 [EB/OL]. https://baijiahao.baidu.com/s?id=1668485565069051553&wfr=spider&for=pc，2020.06.03.

[28] 这几个才是体验式营销的经典案例 [EB/OL]. http://www.360doc.com/content/17/1019/19/40105776_696449730.shtml，2017.10.19.

[29] 商务部研究院发布的《2020 年中国消费市场发展报告》[EB/OL]. https://socialone.com.cn/consumer-market-development-report-2020/，2020.12.09.